마음이 가난한 사람을 위한 기도

용혜원 목사

매 일 기 도 문

마음이 가난한 사람을 위한 기도

책만드는집

들어가는 말

복잡하고 분주한 나날의 삶 속에
마음의 휴식을 얻기가 쉽지 않습니다.
그러나 모든 것을 잠시 뒤로하고 고요히
묵상을 한다면 마음에 평안이 찾아올 것입니다.
진정 마음이 가난해질 때 사랑을 나눌 수 있고
서로 섬길 수 있는 마음이 생깁니다.
이곳 가난한 마음으로 드리는 기도의 둥지로
여러분을 초대하고 싶습니다.

용혜원

차례 마음이 가난한 사람을 위한 기도

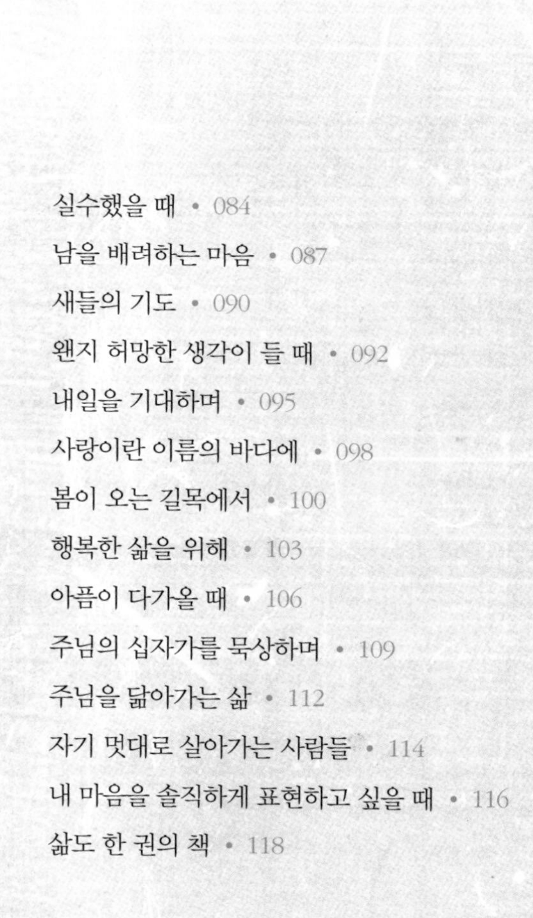

나무들의 기도

폭풍우가 몰아치고
견딜 수 없이 흔들릴 때에도
생명력 있게 자라게 하소서

앞뒤 분간할 수 없는
짙은 안개 속에서도
곧게 곧게 자라게 하소서

해 진 후 어둠 속에서
짐승들의 울부짖는 소리밖에 들리지 않는 순간에도
대지 깊이 뿌리내리고
물기를 빨아들여 촉촉이 젖게 하소서

초록이 빛날 아침을 기다리며
생명력이 넘치게 하소서
고통은 축복의 과정임을 알게 하시고
하나님의 손길을 체험하게 하소서

오직 한마음으로 자라나게 하소서
꽃 피고 열매 맺는 날을 위하여
견디게 하소서

기다림을 배우게 하소서
꽃 피고 열매 맺는 그날
기쁨으로 활짝 웃으며
감사의 기도를 드리게 하소서

삶이 행복한 여행이 되게 하소서

오, 주님!
지하철에서 행복한 불구자를 만났습니다
다리가 하나 없어 휠체어를 탄 불구자에게
천 원짜리 한 장을 주었는데
그가 밝게 웃으며 몇 번이나 축복의 말을 해주었습니다
"감사합니다! 고맙습니다!
행복하세요! 복 많이 받으세요!"
불구의 몸이지만 자기 삶을 사랑하고 있음을 보았습니다
환한 웃음으로 얼굴이 달덩이처럼 온화해 보였습니다
웃음은 전염되기에 주변을 밝게 하고
마음에 꽃이 피게 합니다
요즘 사람들은 모두 외면당한 사람처럼 보입니다
무표정, 무관심, 무감동으로 살아가고 있는데
표정이 밝은 거지가 도리어 행복해 보였습니다

오, 주님!
누군가를 사랑한다는 것보다 행복한 일은 없습니다

자신을 사랑하는 사람만이
다른 사람도 사랑할 수 있습니다
누구에게나 불행은 찾아오지만
이겨낼 수 있는 힘을 주시기를 원합니다
불행을 피하기보다는 용감히 부딪쳐
이겨내게 해주시기를 원합니다
주님을 믿으며 날마다 거짓 없이, 꾸밈없이
행복하게 살아갈 수 있는 힘과 용기를 주시기를 원합니다
삶이 행복한 여행이 되게 하소서

소중한 것을 잃어버리지 않게 하소서

오, 주님!
지갑의 위력이 참으로 대단한 세상입니다
지갑에 돈이 많으면 사람들은 여유를 누리고
삶이 행복하다고 말합니다
지갑이 가난하면 어깨도 늘어지고 힘도 쭉 빠집니다
어느새 지갑에 따라 사람 됨됨이를 평가하기도 합니다
지갑 속에 모든 것이 들어 있다고 생각하는
어리석은 사람도 있습니다

어느 날 지갑을 잃어버렸을 때 허탈감이 너무나 컸습니다
코트 속 주머니에 도둑의 손이 들어올 때까지
나는 무엇을 했을까?
어쩌면 그렇게 무방비 상태였을까?
나는 도대체 어떤 존재인가를 묻고 또 묻습니다
어떻게 하나 생각하다 괴로움에서 벗어나
카드 회사부터 전화를 걸고 하나하나 해결해봅니다
혼란스러운 마음을 하나하나 회복시켜나가는 것입니다

가장 가슴 아픈 것은 돈이나 카드, 신분증이 아니라
사랑하는 이의 사진을 잃었다는 것입니다

오, 주님!
삶에서 소중한 것을
내가 사랑하는 것을
내 마음에 담아놓고 잃지 않게 하소서
내 영혼을 다 바쳐 주님을 사랑하게 하소서
내가 사랑하는 사람과
내 마음에 새겨진 주님의 사랑
훔쳐 가지 못하게 하시고
잃어버리지 않게 하소서

한 잔의 커피를 마시며

오, 주님!
한 잔의 커피를 마시며 쉴 수 있다는 것이
더없이 행복합니다
사랑이 식어가는 때에
사랑을 좀 더 많이 타서 마셔야겠습니다
모두들 어찌나 바쁘게 살아가는지
정신이 나간 사람들 같습니다
때론 아픔만 가득 안고 돌아옵니다
단내 나도록 뛰고 또 뛰어야 살 수 있는 세상이지만
잠시라도 나 자신을 바라볼 수 있는
시간을 주심을 감사드립니다
밀리고 밀려서 목적도 없이 살아가는
어리석음에 빠지지 않게 하시고
분명한 목적과 확신을 가지고 살아가게 해주소서
희망을 찾아 희망을 만들고
그 희망을 이루게 해주소서

오, 주님!

한 잔의 커피가 메마른 삶을 촉촉이 적셔주듯이

우리의 삶도 주님의 사랑으로 적셔지기를 원합니다

먼지 나고 푸석푸석한 삶에서

휴식이란 참으로 고마운 시간입니다

힘들고 분주한 삶에 쉼표를 찍어주는 시간입니다

우리 삶이 욕심대로 사는 삶이 아니라

나누고 베풀 수 있는 삶이 되기를 원합니다

한 잔 가득할 때의 아름다움도 있지만

빈 잔의 여유와 아름다움도 있듯이

날마다 나눔 속에 우리의 마음을 비우게 하소서

가족이 있어 행복합니다

오, 주님!
가족 사랑에 빠진 탓일까요?
가족들이 모두 다 각자의 일로 바빠
홀로 집에 남아 식사를 해야 할 때
그리움이 마구 밀려와 눈물이 왈칵 쏟아질 때가 있습니다
식사 기도를 하고 식은 밥 한 숟가락을 입에 넣을 때
모래알을 씹는 듯 고독이 느껴질 때가 있습니다
그리움이 밀려올 때 삶은 정직해집니다
혼자라는 것이 싫어질 때 사랑의 소중함을 깨닫게 됩니다
가족사진을 보며 가족들의 따뜻한 마음, 따뜻한 손길이
삶에 얼마나 커다란 힘이 되는가를 알게 됩니다
가족 하나하나에 주님의 손길이 함께하기를 기도하며
그리움을 달래봅니다
주님께서 내 가족을 사랑해주시고
보호해주시고 인도해주시니
참으로 행복한 일입니다

오, 주님!

고독할 때 더욱더 열심히 주님을 찾고 싶어집니다
오고 가는 거리에서도 중얼거리며 기도하고 싶어집니다
나도 모르는 사이에 평안이 마음속에 가득해집니다
넓은 하늘 아래 사랑하는 가족이 있다는 것은 축복입니다
가족과 사랑을 나누고 기도할 수 있다는 것은
주님이 베풀어주신 사랑입니다

가방 속 풍경

오, 주님!
나는 어깨에 편하게 멜 수 있는
헐렁헐렁하게 크기가 좀 큰 가방을 좋아합니다
가방을 메면 언제나 여행을 떠나는 기분이 들고
방황 기가 돌아서인지
훌훌 떠나고 싶은 생각에 기분이 좋아집니다
내 가방 속에는 성경과 시집을 비롯한 몇 권의 책
그리고 메모지와 볼펜, 안경이 조용히 들어 있습니다
때로는 캔 커피와 달콤한 초콜릿도 들어 있습니다
가방을 더럽게 사용하지 말아야겠습니다
아무리 좋은 것이 들어 있어도 지저분한 가방은
다른 사람의 고운 얼굴을 찌푸리게 합니다
가방은 내 마음 같습니다
내 마음이 깨끗하면 내 주변도 깨끗하기를 원하고
가방도 언제나 깨끗하게 사용되기를 원할 것입니다

주님은 우리에게 삶이라는 가방을 주셨습니다

그 안에는 주님의 축복과 사랑이 가득합니다
물론 고난과 시련도 들어 있습니다
그러나 어떤 어려움도
주님이 함께하시면 두렵지 않습니다
주님은 우리의 구원을 다 이루신 분이십니다
이 놀라운 축복을 나누며 살게 해주시기를 원합니다
주님이 주신 사랑과 친절을 잊지 않고 마음껏 베풀어
이웃과 나눌 수 있게 해주시기를 원합니다

오, 주님!
항상 주님께서는
나의 가방을 채워주신다는 걸 믿고 있습니다
나의 가방에 가득한 주님의 사랑을 베풀어
나도 웃을 수 있고 주님도 웃으실 수 있는
삶을 살게 해주시기를 원합니다
사랑을 받으며 나누고 살아가는 사람들에게
더 큰 사랑을 주소서

구두를 닦으며

오, 주님!
하루 종일 돌아다녀
잔뜩 먼지 묻은 구두를 닦으며 생각합니다
삶에 필요한 것들을 채우기 위하여
매일 매일 바쁘다는 소리도 못 하고 다닙니다
삶은 치열한 전장입니다
보이지 않는 수많은 무기로 전투를 벌이고 있습니다
환호하며 기뻐하는 사람도 있고
땅이 꺼질 듯 한숨 쉬는 사람도 있습니다
행복감에 밝게 웃는 사람도 있지만
지치고 힘들어 얼굴에 힘줄이 드러나고
핏기가 사라져 창백한 사람도 있습니다
날마다 머릿속을 파고드는 수많은 생각
꿈을 이루기 위해 먹고살기 위해
구두를 신고 바쁘게 돌아다녔습니다
구두도 힘들었을 것입니다
냄새 나는 발을 하루 종일 안고 다니느라

질식할 정도로 몸서리쳤을지도 모릅니다

오랜만에 구두를 반짝반짝 닦아봅니다
하지만 구두 속을 닦아주지는 못했습니다
겉치레만 하고 사는 내 삶의 모습과 같습니다
내 마음도 속까지 깨끗하게 닦고 싶어집니다

오, 주님!
주님께 예배드리고자 신발을 신기도 전에
주님은 내 앞에 서서 내 마음을 읽고 계셨습니다
늘 방황하고 더듬거리는 어설픈 나를 아시고
주님은 나의 안내자가 되셨습니다
내 삶의 마지막 안내자도 주님이십니다

가을 길을 걸으며

오, 주님!

찬란했던 여름이 지나고

황토 빛깔보다 더 짙게 물든 낙엽을 밟으며

가을 길을 걷노라면

낙엽들이 만들어내는 이야기 속에

떠남의 아름다움을 배우게 됩니다

모든 것을 움켜쥐고 살아야 한다는 사람들도 많지만

떠나야 할 때 떠난다는 것은 참으로 아름답습니다

나 자신도 삶에 대한 애착이 강하지만

너무 욕심을 내며 살아서는 안 된다는 생각을 합니다

낙엽들은 찬 바람이 부는 계절이 다가오면

성장의 다툼도 멈추고 그들의 삶의 무대에서 퇴장합니다

가을의 정취 속에 풀벌레의 울음소리를 들으며

소유하는 것만이 좋은 것이 아님을 압니다

잎새들이 곱게 물드는 가을이 오면

사랑하는 사람과 대화가 잘 이루어집니다

가을은 홀로 있어 쓸쓸하기보다는 함께 있을 때

정겨움을 느낄 수 있는 계절이기 때문입니다

오, 주님!
우리의 삶에도 사계절이 있습니다
봄, 여름, 가을, 겨울이 우리의 삶 속에도 있습니다
낙엽이 주는 의미는 참으로 소중합니다
자기의 할 일을 다 하고 떠나면서도 결코 초라하지 않게
모든 빛깔로 자신의 삶을 충분히 보여주며
다음 세대를 위해 새로운 것들을 물려줍니다
우리도 삶에 최선을 다하며 다음 세대를 위해
아름다운 것들을 물려주어야 합니다
낙엽은 종말을 의미합니다
삶의 종말을 알고 살아가는 사람들은
모든 일에 최선을 다하며 열정적으로 살아갑니다
낙엽 지는 계절은 우리에게는 감사의 계절입니다
낙엽 지는 거리에서 다정한 사람들과
이야기를 나누는 멋도 이 계절에 더욱 아름다울 것입니다

나뭇잎들이 여름날 땀에 젖은 몸을 가을비에 씻고
곱게 곱게 물들어 하나하나 떨어져
온몸으로 나부끼는 거리를 걷는 것은
낭만이 있어 참으로 좋습니다
가을이 사계절 중에 가장 아름다운 것은
고독의 계절이기 때문입니다
그래서 가을은 사랑하고 싶고
그 사랑이 과일처럼 탐스럽게 익어가는 계절입니다
이 가을에 처절한 고독으로
홀로 기도하는 시간을 갖기를 원합니다
우리의 삶도 끝이 아름다워야 합니다
태양의 떠오름도 아름답지만
태양이 지는 노을이 더 아름답습니다
모든 나무가 저마다의 색깔을 표현하듯이
우리의 삶도 아름다운 빛깔로 빛을 발해야겠습니다
주님을 본받아 마지막이 더 아름다운 삶을 살아야겠습니다

영혼을 사랑하는 마음

새로운 아침이 시작됩니다
아침 햇살과 초록빛이
온 땅에 퍼지는 것처럼
우리의 마음에도
주님의 사랑이 가득하게 하소서
새 생명의 움직임이 가득한
우리의 영혼도 새롭게 해주소서
주님을 사랑하는 마음이
영혼을 사랑하는 마음이
눈물로 젖게 하소서
두 뺨에 흐르는 눈물이
마음과 영혼까지
죄를 회개하는
깊은 슬픔으로 젖어들게 하소서
그 눈물이
주님과 영혼을 사랑하게 하소서

홀로 서 있는 소나무 한 그루

오, 주님!
하늘에 닿을 듯 보초병처럼 공원에 외롭게 서 있는
소나무 한 그루를 보았습니다
언제 산에서 걸어 내려와 이곳에 있게 되었는지 모르지만
가끔씩 찾아와 보면 전혀 돌아갈 생각이 없는 표정입니다
하지만 세상을 바라보다 싫증이 나면
언제고 다시 산속으로 돌아가지 않을까요?
오늘은 소나무를 바라보며 별생각을 다 해보았습니다
소나무는 이야기하고 싶을 때 누구와 할까?
몸이 아프거나 다리가 아플 때 어떻게 할까?
오가는 사람들의 이야기를 다 듣고 있을까?
소나무에 기대어 한숨 쉬던 그 사람의 마음을 알까?
둘이서 좋아라 속삭이던 연인들의 사랑을 알까?
홀로 서 있어도 모든 것을 다 받아들이는
멋진 모습을 나도 배우기를 원합니다
홀로 있으면 그리움에 몸살이 날 만도 한데
늘 꼿꼿하게 서 있는 것을 보면 인내심이 대단합니다

아침에 푸름이 더 짙어지는 걸 보면
밤새도록 별들과 사랑 이야기를 나누었던 모양입니다

오, 주님!
공원에 홀로 서 있는 소나무에게
기다림과 인내심을 배워야겠습니다
우리는 순간순간 흥분하고 좌절하고
기뻐할 때가 너무도 많습니다
지극히 작은 일에도 큰일이라도 난 것처럼
호들갑 떠는 어리석은 행동은 하지 말아야겠습니다
삶의 한 자락에서 마음이 큰 소나무를 만나게 해주신
주님의 사랑에 감사드립니다
삶 속에 깨달음이 있어야 진정 거듭난 삶을 살 수 있습니다
내 생애 가운데 주님을 만난 것은 축복 중의 큰 축복입니다

십자가 그 아픔과 고통을

오, 주님!
서툰 망치질이지만 못을 박아야 할 때가 있습니다
망치를 들면 왠지 겁부터 납니다
잘될까? 손이나 다치지 않을까?
가족사진을 걸어두려고 못을 망치로 몇 번 치다가
그만 손톱을 때리고 말았습니다
자신 없는 일, 익숙하지 못한 일을 할 때는
실수도 많고 상처를 입기가 쉽습니다
고투 끝에 못을 다 박고 가족사진을 걸어놓고
바라보고 있으면 아픔도 한순간에 사라집니다
주님은 나사렛 동네에서 이름난 목수이시기에
못과 망치에 대해서 너무나 잘 알고 계십니다
골고다 산상의 십자가 그 아픔과 고통을 다 감당하시고
우리의 죄를 대속하여주신 주님을 찬양합니다
우리는 주님의 고난과 아픔을 순간순간 기억하고 마음에 담을 뿐
구원받은 기쁨과 기도 응답과
삶의 축복을 먼저 기뻐합니다

오, 주님!
십자가의 아픔이 얼마나 큰 아픔인지
우리가 알지 못합니다
주님은 엄청난 희생을 하셨는데도
우리는 어린아이가 선물을 받았을 때
좋아하고 행복해하듯이
주님과 첫사랑을 시작했을 뿐입니다
주님으로부터 구원을 받았음에도 보채는 어린아이처럼
우리는 너무나 많은 바람의 기도를 드리고 있습니다
나의 죗값으로 십자가에 못 박힌 주님의 그 사랑으로
우리가 얼마나 많은 축복과 사랑에 감싸여
자유를 누리며 사는지 깨닫게 해주시기를 원합니다
언제나 먼저 주어진 것들에 대해 감사할 수 있는
믿음을 주시기를 원합니다

휴식이 필요할 때

오, 주님!
살아가면서 아픔이 만져지고 슬픔이 가슴 가득할 때
모든 걸 멈추고 모든 걸 떠나 휴식을 얻고 싶습니다
나무처럼 우뚝 서서 살아가는 이유도 묻고 싶고
큰대 자로 누워서 나는 도대체 어떤 존재이고
왜 일을 하고 있는가를 물어보고 싶습니다
남의 일에 들러리만 서온 것 같고
남은 것은 얼굴과 몸에 새겨진
시간의 흔적뿐이라는 생각에
존재의 의미를 잃고 서글퍼집니다
남과 이야기할 때는 태연한 척 여유 있는 것처럼
사는 게 다 그런 거지
뭘 그리 고민하며 사느냐고 하면서도
늘 되풀이되는 삶에 새로운 변화를 꿈꾸고 있습니다
머물러 있는 듯하면서도 흘러가는 시간은
한번 가면 오지 않는다는 것을 알고 있습니다
모나지 않고 반듯하게 뒤틀리지 않고 잘 풀리게

남들이 보아도 좋을 삶을 살아가고 싶습니다
나에게 주어진 시간을 꾸밈없이 솔직하게
있는 모습 그대로 살고 싶습니다

오, 주님!
휴식을 휴식으로 쉴 수 있는 마음을 원합니다
휴식조차 일로 만들지 않게 해주시기를 원합니다
삶은 죽음이 오기까지 멈출 수 없지만
휴식 중의 기도는 새로운 희망을 가질 수 있는 기쁨입니다
언제나 어리석은 자에게 지혜를 주시고
갈 길을 인도하시는 분은 주님이십니다
휴식은 삶의 권태로 축 늘어지는 시간이 아니라
자신을 강하고 담대하게 재충전하는 시간이요
제 속도를 찾아가는 시간임을
주님께 고백하고 싶습니다

고통의 그늘에 앉아

오, 주님!
지금은 해가 지고 어둠이 발걸음을 내딛기 시작해
도시가 점점 까맣게 물드는 시간입니다
거리 한 모퉁이에서 물건을 파는 여자가
뜨개질을 하고 있습니다
커피를 마시며 한동안 바라보았지만 물건을 사거나
호기심을 갖고 물어보는 사람이 한 사람도 없습니다
사람들도 별로 다니지 않는 한적한 곳입니다
일용할 양식을 구하기 위한 노점일 텐데
아마 초조한 마음을 달래고 마음의 여유를 찾기 위해
뜨개질을 시작했나 봅니다
삶이 서툰 탓일까요?
조금 있으면 어둠이 더 깊숙이 발길을 내딛고
온몸으로 다가올 텐데
멀리서 바라보는 제가 더
걱정을 하고 있는 것 같습니다
주님의 손길이 함께하기를 기도합니다

살다 보면 온통 막히는 것뿐이고
홀로 어려움을 당하는 것 같아
무척이나 외로워질 때가 있습니다
고통의 그늘에 앉아 있는데
아무도 관심이 없는 것 같아
벼랑에 서 있는 듯한 고독에
울컥 눈물이 쏟아져 내릴 때가 있습니다
모든 것을 그만두고 아무도 모르는 곳으로 가
포기하고 싶을 때가 많습니다

오, 주님!
살아가며 기다림을 배우게 됩니다
기다림의 시간이 한순간도 헛되지 않기를 바랍니다
열심히 살아온 보람을 느낄 때
가족들이나 친구들에게 전화를 걸어
자랑도 하고 축하도 받고 싶어집니다
개미들은 어느 후미진 길모퉁이에서

봐주는 사람 하나 없어도 열심히 집을 짓고 살아갑니다
아무도 관심이 없어 홀로 된 순간에도
가장 유심히 세심하게 살펴주시는 주님을 바라봅니다
어둠이 빛으로 바뀔 보람을 느낍니다
모든 어려움이 따뜻한 추억이 됩니다
쓰러질 때마다 일으켜 세워주시고
외면당할 때마다 감싸주시는 주님의 사랑이
큰 힘이 됩니다
주님을 만나지 않았더라면
나의 삶은 얼마나 큰 외로움에 빠졌을까요?

자신감이 넘치는 삶을 살고 싶을 때

오, 주님!
계획한 일들이 뜻대로 되지 않을 때
도망치고 싶은 마음에
모든 것을 자꾸만 핑계로 가리곤 합니다
부모님을 잘 만났더라면,
좋은 학교를 졸업했더라면,
물질적으로 풍족했더라면,
좋은 친구가 있었더라면 하는
갖가지 이유로 자신의 부족함을 변명하게 됩니다
이 모든 어리석은 생각과 행동에서 벗어나겠습니다
잘못된 생각은 아무런 도움이 되지 않습니다
이 세상에 나 하나쯤 없어도 별문제가 없을 것입니다
그러나 내가 있음으로 한 사람이라도 더
행복해질 수 있다면 내 삶은 가치 있는 삶입니다
용기를 내어 자신감을 갖고 살고 싶습니다
나에게는 엄청난 축복이 예비되어 있고
수많은 장점이 잠재해 있음을 알아

내 속에 숨어 있는 능력을 계발하여 잘 활용하고 싶습니다
스스로를 나약하게 하는 쓸데없는 공상에 빠지지 않고
어리석은 생각에서 새처럼 벗어나고 싶습니다
난 할 수 있다고 외치고 싶습니다
성공할 것이라는 믿음을 갖고 힘차게 출발하겠습니다

오, 주님!
부족하고 나약할 때만 주님의 도움을 청하는 것이 아니라
일의 시작부터 끝까지 주님의 인도하심을 받기를 원합니다
늘 서툰 몸짓이지만 주님의 인도하심과 기쁨과 즐거움 속에
모든 것이 새롭게 되기를 소망합니다
그동안의 모든 실패를 배움의 기회로 삼게 해주시기를 원합니다
삶에 용기가 넘치게 해주시기를 원합니다
날마다 새롭게 변하기를 기도합니다
주님이 주신 기회를 마음껏 활용하여
멋진 승부에서 이겨
환호를 지르게 될 날을 기다립니다

그동안의 실패와 다시 마주쳐도
두려움 없이 똑바로 응시하여 넘어뜨리고
주님께 감사 기도 드리기를 원합니다
모든 것이 주님의 사랑입니다

알람 시계가 잘못 울렸을 때

오, 주님!
집안에 시계가 많아질수록
시간 감각이 둔해지는 것은 아닐까 하는
생각이 들 때가 있습니다
잠들기 전에 약속 시간을 지키기 위해 맞춰놓았던 시계가
잘못 울려 깊은 잠에서 깨어났을 때
시계를 보고 미리 울린 것을 알면
새벽잠을 좀 더 잘 수 있었는데 하는 투정을 합니다
벨 소리에 일어나야 하는 나약함을 생각해보았습니다
내 곁에 시계가 있다는 것이 얼마나 고마운가를 압니다

다섯 시에 일어나려고 했는데 잘못 맞춰놓아
네 시에 일어나게 되었습니다
괜히 시계한테 짜증을 부릴 생각은 없습니다
도리어 여유가 생겼기에 잠깐 동안 말씀을 묵상하고
기도를 드리고 한 잔의 커피를 마시고
몇 편의 시도 마음으로 읽어내릴 수 있으니

나에게는 행복한 시간이 마련된 것입니다
만약 약속 시간보다 한 시간 늦게 울렸다면 어땠겠습니까?
자신을 원망하면서 발을 동동 구르고
야단법석을 떨며 집을 나선다고 해도
이미 늦어버렸을 것입니다
미리 준비하는 마음이 얼마나 소중한가를 알게 되었습니다

오, 주님!
지나가 버린 시간에 미련을 갖기보다는
다가오는 시간에 소망을 갖게 해주시기를 원합니다
예정되었던 것이 잘못되었다고
그 끝이 늘 비극으로 끝나는 것은 아닙니다
우리의 삶은 가끔씩
생각과는 전혀 다른 방향으로 흐를 때도 있습니다
언제나 삶의 방향을 인도해주시고
안내해주시는 분은 주님이십니다
날마다 생각의 깊은 오솔길에서 기도하며

마음속에서 조용히 주님을 만나고 싶습니다
우리의 삶이 주님의 뜻을 이루어감으로
주님이 주시는 평안을 되찾게 해주시기를 원합니다

풍성한 열매가 맺히기를

오, 주님!
탐스럽게 잘 익은 사과, 배, 감, 귤 등 갖가지 과일이
바구니에 하나 가득 담겨 있습니다
참 잘 익었습니다
바라보고만 있어도 기쁨이 넘칩니다
이 과일을 재배한 사람들은 각각 다른 사람일 것입니다
그들이 땀 흘리고 수고한 대가로
탐스럽고 먹음직한 과일이
수많은 사람에게 맛과 건강을 선물하고 있습니다
심음과 거둠의 기쁨을 아는 사람은
참으로 행복한 사람입니다
하나님의 축복을 몸과 마음으로 체험하고
눈으로 볼 수 있는 사람입니다
많은 사람이 혼자만의 행복을 원하지만
우리는 이웃과 더불어 행복해야 합니다
과일나무를 심고 재배하는 사람들의 손길에는
하나님의 은총과 축복이 가득합니다

그들은 삶 속에서 항상 하나님의 섭리를 만나고 있습니다

오, 주님!
열매가 가득한 과일나무를 바라보면
하나님의 축복이 얼마나 놀라운 것인가를 알 수 있습니다
감나무 한 그루에서 만 개의 감이 열리기도 한다니
그 신비함과 놀라움은 참으로 큰 축복입니다
여름날 마른 막대기 같은 포도나무에
포동포동한 포도송이가 가득한 것을 보면
하나님을 찬양하지 않을 수 없습니다
과일나무는 해가 바뀌고 나무의 수명이 다할 때까지
시절을 좇아 열매를 맺습니다
우리의 삶도 주님이 보시기에
한 그루의 과일나무와 같을 것입니다
우리의 삶에도 해가 바뀔 때마다
풍성한 열매가 맺혔으면 좋겠습니다
삶이라는 나무에도 보기 좋고 탐스러운 열매가

주렁주렁 열렸으면 참 좋겠습니다
주님과 함께 맛있는 과일을 먹고 싶습니다

희망이라는 이름의 씨앗

오, 주님!
하나님은 우리에게 희망을 주시기를 원하지만
사탄은 우리에게 절망을 주려고만 합니다
희망이 있는 사람들의 마음에는 평안이 있고
평안이 있는 사람은 무거운 짐을 벗어버린 듯 여유롭습니다
사랑하는 연인들의 모습처럼 행복합니다
우리의 마음에는 희망이라는 이름의 작은 씨앗이
하나씩 들어 있습니다
이 씨앗 속에는 꿈이라는
큰 나무 한 그루가 들어 있습니다
어떤 사람은 씨앗을 잘 키워 자기의 꿈을 이루고
어떤 사람은 희망이라는 씨앗이 자신에게 있는지조차 모르고
버림받았다며 씨앗을 돌보지 않습니다
우리에게 희망이 없다면 불안해지고 초조해지고
아무것도 할 수 없는 무기력 상태에 빠지고 말 것입니다
어떤 사람은 씨앗을 잘 키워나가다가
비바람이나 거센 폭풍우를 만나면

겁을 먹고 달아나 다시는 희망을 갖지 못하고
그날그날 주어진 일에 끌려 다니게 됩니다
주님이 나를 찾아오시던 날 나에겐 희망이 생겼습니다
주님이 주신 희망이라는 씨앗이
햇빛과 비를 잘 받아들여 마음껏 싹트기를 원합니다
희망이 있는 사람은
희망이란 나무로 잘 자라 성장할 수 있고
희망이라는 커다란 나무에서 열매를 따서
사랑하는 사람들과 불우한 이웃들과
나누는 삶을 살아갈 수 있습니다

오, 주님!
희망을 갖고 산다는 것은 삶을 꽃피워 가는 것입니다
희망이 있는 삶에는 향기가 있습니다
희망이 있는 삶에는 사랑이 있습니다
희망이 있는 삶에는 기쁨이 있습니다
희망이 있는 삶에는 나눔이 있습니다

희망이 있는 사람은 웃음이 있습니다
희망이 없는 사람은 깊이 잠들지 못합니다
우리의 가슴에는 주님의 사랑으로
희망이 뛰고 있습니다
우리가 기뻐할 수 있는 것은
주님이 우리의 희망이기 때문입니다
희망이 없는 사람은 아무 곳에서나
쓰러지고 넘어지고 주저앉아 버립니다
희망이 없는 사람의 눈은 빛을 잃어 초점이 없습니다
우리에게 희망을 주시고
그 희망을 마음껏 펼쳐나가게 해주심을 감사드립니다
사람들이 주님을 만나 소망을 갖게 해주시고
희망이 무엇인가를 알게 해주시기를 원합니다
나도 그 희망을 전하는 사람이 되게 해주시기를 원합니다

삶이 무겁게 느껴질 때

오, 주님!
온몸에 바위 덩어리를 올려놓은 듯이
삶이 무겁게 느껴질 때
안개에 갇힌 듯 앞이 안 보이고
주변 사람들조차 도움이 안 되고
걱정거리가 두 손으로 머리를 꽉 쥐고 있어
두통을 만듭니다
마음의 문이 잠겨
아무것도 들어올 수 없어 불안할 때
마음은 수많은 길로 나누어집니다
역도 선수도 역기를 번쩍 들어올릴 때도 있지만
젖 먹던 힘까지 다 써가며 간신히 들어올릴 때도 있고
다 들어올린 마지막 순간에 힘에 겨워
그대로 주저앉고 마는 경우도 있습니다
우리의 삶 속에서 얼마나 많은 사람이
막다른 골목에서 비참하게 좌절하거나
목숨을 끊는지 알고 있습니다

우리는 큰 성공을 이루더라도 주님을 떠나면
수많은 문제와 영혼의 짐에 대한
불안을 느끼며 살게 됩니다
순간적인 호기심이나 유혹에 넘어가지 말아야 합니다
목욕을 깨끗이 하고 나면 기분이 매우 상쾌해집니다
여름날 시원하게 내리는 소낙비도 우리를 상쾌하게 합니다

오, 주님!
우리 주위에는 평생토록 온갖 어려움을 다 이겨내고서는
성공했을 때 병들어버리는 사람이 있습니다
우리의 삶이 고되고 힘들다 해도
마음에 돌덩이만 가득하지 않았으면 좋겠습니다
화려한 것을 취하기보다는 영혼을 갈구하기를 원합니다
상처를 치유받아 삶에 기쁨과 평안이 넘치기를 원합니다
주님께서 주시는 한없는 사랑을
날마다 체험하기를 원합니다
주님의 말씀에 귀 기울이며 살아가고 싶습니다

힘들 때만 주님을 찾고 부르는 것이 아니라

모든 삶을 주님께 맡기며 살게 해주시기를 원합니다

계절과 나이와 몸에 맞는 옷을 입어야 편한 것처럼

주님은 언제나 우리에게 맞는

십자가를 지라고 하셨습니다

삶의 짐이 무거울 때 오라고 부르시는

주님의 음성을 듣고

어린아이처럼 앞만 보고 달려가고 싶습니다

어린아이가 엄마의 포근한 품에 안기는 것처럼

목자가 되시는 주님의 품에 안기게 해주시기를 원합니다

출구가 보이지 않을 때

오, 주님!
삶의 출구가 보이지 않을 때가 있습니다
쓸데없이 방황을 하거나 욕심을 부리다가
출구를 잃어버릴 때가 있습니다
막힌 길을 얼마나 뚫고 나가야 할까
불안과 걱정에 휩싸입니다
모든 것이 막막해지고 후회가 되고
나 자신마저 학대하고 싶은
비참한 기분에 빠지게 됩니다
온 산과 들을 날뛰고 돌아다니던 동물이
온 하늘을 날아다니던 새가
갑자기 굴에 갇혀 출구를 잃어버린다면
얼마나 황당하고 당혹스럽겠습니까?
우리 주변에는 다른 사람이
쓰러지고 넘어지는 것을 보며
헐뜯고 비웃는 사람이 있습니다
내 일이 잘못되면 별 이유도 없이 사람들이 미워지고

무슨 말을 하든지 반감이 생기고 화가 납니다
모든 것이 막혀 있다고 느껴지면
마음도 정신도 산만해지고
짜증도 늘어나고 몸과 마음이 지칩니다
물과 오물이 빠져나가지 못한 하수도에
그대로 남아 있는 찌꺼기처럼 추한 꼴이 되고 맙니다
힘이 빠지고 만사가 귀찮아지고
모든 일에 의욕이 없어집니다
아무도 나를 제대로 알지 못하고 이해해주지도 않고
조롱하며 뒷이야기를 하는 것만 같아
미워지고 섭섭하기만 합니다
사방에 벽이 쌓여 있어도
하늘은 언제나 푸르고 화창하게 열려 있습니다
주님께 기도함으로 지혜를 얻게 하시고
새로운 출구를 만들 수 있는 믿음을 갖게 해주소서
기회는 언제든지 오기 마련입니다
뒤를 돌아보지 않고 앞만 보고 나가겠습니다

단순하고 쉽게 풀 수 있는 일을 골똘히 생각하여
복잡하게 만들기보다는
주님의 인도하심대로 순서와 질서가 있는
삶을 살겠습니다

오, 주님!
어느 곳에나 출구는 있기 마련입니다
빨리 하려고 서두르기보다
얽힌 것들을 하나하나 풀어나갈 수 있는
확신과 여유를 가지기를 원합니다
모든 문은 하나로 연결되어 있음을 압니다
우리 주님 예수그리스도는 구원의 문입니다
나의 삶은 아직 끝나지 않았고
기회는 다시 오고 새롭게 시작할 수 있으니
자신 있게 살아가게 해주시기를 원합니다
이 세상 그 누구도 실패해보지 않은 사람은 없을 것입니다
보다 나은 삶을 위해 노력하고

더욱더 활기찬 삶을 살게 해주시기를 원합니다
삶의 길을 인도하시는 주님을 따르며
믿음과 기도를 통하여
주님과 영적인 교제를 나누게 해주시기를 원합니다
희망이 있는 사람은 언제나 얼굴이 밝고 환한 빛을 냅니다
어려움 속에서도 모든 것에 감사하고
주변 사람을 행복하게 합니다
나의 삶의 출구는 언제나 주님이십니다

나에게 특별한 사랑이 있음을

오, 주님!
나에게 아주 특별한 사랑이 있습니다
주님이 나를 구원하신 놀라운 사랑입니다
이 사랑이 나를 변화시켜주었고 새롭게 만들었습니다
지난 것들에 대한 애착을 버리게 하셨고
내일을 소망하며 살게 하셨습니다
나에게 이익이 되지 않는 일과 하기 싫은 일에는
늘 변명과 핑계를 일삼아 왔는데
이제는 주님의 축복으로 가장 행복한 사람이 되었습니다
주님이 끝없이 내어주시는 에너지와 열정을 갖자
작은 일에도 짜증 내거나 귀찮아하는 습관이 사라졌습니다
주님의 아주 특별한 구원의 사랑으로 변화를 얻었습니다
낡은 생각과 고정관념에 눌려 사는 삶이 아니라
날마다 새로움을 추구하며 의욕이 넘치는 삶을 살게 되었습니다
껍데기를 부수고 예수그리스도로 새롭게 옷 입게 되었습니다
이익과 감정에 따라 움직이는 것이 아니라
기도로써 성령의 인도하심을 따르겠습니다

오, 주님!
나만 운이 따르지 않아 별 볼일 없는 삶을
살아가고 있다는 그릇된 생각이 새롭게 바뀌었습니다
나는 주님의 선택을 받았고
주님의 일을 할 수 있는 복을 받은 행복한 사람,
참으로 괜찮은 사람이 되었습니다
자꾸만 꼬이고 뒤틀리기만 하던 삶을
주님의 은혜로 쉽게 풀어갈 힘을 갖게 되었습니다
이 생각 저 생각이 노크도 없이 들어오고 나가며
고민에 빠지는 것이 아니라
삶의 매 순간을 주님께 의지하게 되었습니다
나는 이제 사랑을 받고
사랑을 줄 수 있는 사람이 되었습니다
순간만을 위해서 사는 삶이 아니라
영원으로 이어지는 그리스도인의 삶을 살게 되었습니다

평행선만 그리고 있을 때

오, 주님!
삶이 평행선을 그어놓은 듯이
지루하고 단조로운 일상으로 이어질 때
꽁꽁 묶여 있는 것만 같고 갇혀 있는 것만 같아서
문이란 문은 다 열어놓고 싶습니다
그날이 그날 같고 다람쥐 쳇바퀴 돌듯이
맴맴 돌고 있는 것만 같아
지루함이 온몸에 배어 있습니다
시원한 비 한 번 내리지 않고
거센 바람 한 줄기도 불어오지 않는 삶은
더욱 지루함 속에 빠져 들게 합니다
삶에 변화가 있어야 생기가 돌기에
변화를 원하는 마음은 발꿈치를 들고서라도
어디론가 도망쳐버리라고 말합니다
친구들에게 신나고 재미있는 일을 묻다가도
그 일마저 지루해지면 이불을 깔고
차라리 잠이나 푹 자고 싶어집니다

마지막 열차를 놓친 다음 날
첫 열차를 기다려야 하는
긴 공백의 시간은
참으로 무료하고 지루해 견디기가 힘듭니다
까만 밤하늘에 빛나는 별들이 없었다면
밤은 지루하기만 했을 것입니다
별들이 있기에 새벽이 오기까지
밤은 그대로의 아름다움이 있습니다
모든 살아 있는 생명은 활발한 움직임 속에서
새로운 변화를 원합니다
아무리 그럴듯해 보여도 그림같이 정지된 삶은 싫습니다
안락한 의자에 앉아 외톨이로 즐기기보다
무한한 가능성을 추구하며
격정과 보람의 순간을 만들고 싶습니다
때로는 힘들고 어려움이 닥친다 해도
나는 이 모험을 계속하겠습니다

오, 주님!
작은 풀잎도 살아 있어 꽃을 피웁니다
바다를 바라보며, 거세게 출렁이는 파도를 보며
가슴에 차오르는 벅찬 감동을 느끼지 못하는 사람이
어디 있겠습니까?
어둠 속에서 촛불을 밝히는 작은 행동 하나하나가
새로운 변화를 가져옵니다
바람처럼 불어왔다가 가버리는 삶일지라도
머무르는 동안 누구나 변화를 원할 것입니다
삶의 가려움을 확 긁어내리고 싶습니다

사랑에 빠지고 싶을 때

오, 주님!
우리에게 사랑이라는 감정이 있다는 것은
놀라운 축복입니다
사랑은 수많은 색깔을 만들어내고
아름다운 그림을 그려냅니다
우리가 하고픈 사랑, 그리고픈 사랑은
어떤 사랑입니까?
사랑이라는 이름의 그림을 멋지게 그리고 싶습니다
사랑의 그림을 그릴 수 있는 사람은 행복합니다
그러나 아직도 물감조차 만들지 못한 사람도 있습니다
사랑은 마음에서 시작하여 눈빛으로 전달되는 것입니다
아름다운 삶을 위해 물감을 만들기를 원합니다
그리고 사랑의 그림을 그려보겠습니다
사랑의 그림 속으로 뛰어들고 싶습니다
아름다운 사랑에 빠진 사람의 얼굴은 행복으로 빛납니다
거울을 보고 싶습니다
나도 사랑에 빠지고 싶습니다

내 마음을 다 주어도 좋을 진실한 사람이라면
목숨을 내주어도 아깝지 않습니다
그대가 날 사랑한다고 말했을 때
내 가슴은 불을 지른 듯 활활 타올라
온몸으로 번져갔습니다
이 불이 우리 사이를 오가며
때로는 작은 불빛이 되어
우리의 사랑을 밝게 비춰주었으면 좋겠습니다
살아 있다는 의미를 느낄 때는 바로 사랑할 때입니다
사랑을 하면 열심히 살고 싶은 용기가 생기고
삶의 진정한 의미가 생깁니다
세월은 흐르는 물 같아서 사라지고 말지만
사랑은 영원합니다
사랑하고 있는 사람들을 보면 표정부터 다릅니다
웃음이 있고 자신감이 넘치고 활기찹니다
사랑을 하면 밝고 보람 있게 살아갈 수 있는 힘이 생깁니다
서로 마주 잡은 손이 따뜻하기 때문입니다

오, 주님!

주님의 사랑을 무엇으로 다 표현할 수 있겠습니까?

나의 삶과 영혼까지 사랑해주시는 분은 주님입니다

내가 주님의 사랑을 받았음을 고백하게 하시고

그 사랑을 다른 사람들에게 나누어주게 하소서

주님의 진실한 사랑을

남에게 마음껏 표현하게 해주시기를 원합니다

주님과의 사랑은 아무도 끊을 수 없는 영원한 사랑입니다

내가 주님을 만난 것은 참으로 행복한 일입니다

주님을 사랑함으로 나는 살아 있음을 느낍니다

오늘도 나는 주님으로 인해 살고 있습니다

주님의 사랑에 빠져 있습니다

촛불을 켜며

촛불이 저 스스로 불을 붙일 수 없는 것처럼
주님이 아니시면
성령의 불을 받을 수 없으니
우리에게 성령의 불을 붙여주소서

촛불은 조금이라도 방해를 받으면 꺼지고 말지만
조심스럽게 감싸 안으면 끝까지 타올라 빛을 발합니다
우리의 삶도 그처럼 보호하여주소서

주님의 십자가의 희생하심이
죄악의 어둠 가운데 살고 있는 우리에게는
구원의 빛, 생명의 빛이니
이 놀라운 사랑 속에 살기를 원합니다

촛불이 끝까지 제 몸을 희생하며 타오르듯이
주님의 희생을 본받아 살게 하소서
주님의 사랑을 나누며 살게 하소서

우리의 삶을 순간순간마다 지켜주시고
우리로 하여금 세상의 빛으로 살아가게 하소서
영원히 타오르는 빛이 되신 주님을 따르게 하소서

마음을 다 쏟아놓고 싶을 때

오, 주님!
마음이 답답하고 속이 상합니다
누군가를 만나 내 마음을 다 털어놓고 싶습니다
내 마음은 마치 불에 올려놓은 콩처럼 튀고 있습니다
오늘은 내 이야기를 들어줄 누군가가 있었으면 합니다
가슴에 맺힌 것을 속 시원하게 풀어놓지 않으면
병이라도 날 것 같습니다
내 마음은 수많은 오물과 가시와 그물로 뒤엉켜
뒤죽박죽이 된 것만 같습니다
혼란스러운 내 마음을 잘 정리하고 싶습니다
헝클어진 머리칼보다
단정하게 빗어놓은 머리가 아름다운 것처럼
무질서에 빠진 내 마음을 이해와 사랑의 빗으로
곱게 빗어주고 싶습니다
지금 내 마음은 사랑에 굶주려 있습니다
마음속 불덩어리가 당장이라도 터져버릴 것만 같습니다
내 마음의 상처가 다른 사람마저 해롭게 할까 두렵습니다

오, 주님!

이 순간에도 주님은

내 마음을 만져주시고 함께해주십니다

흥분된 마음을 차분하게 가라앉혀 주십니다

내가 내 마음의 상태에 따라 사는 것이 아니라

주님에 대한 믿음으로 살게 해주시기를 원합니다

나 혼자만이 고통받고 있다는

어리석은 생각에서 벗어나게 해주시기를 원합니다

때로는 작은 바람에 흔들리는 풀잎처럼

너무나 가볍게 흥분합니다

여름날 먹구름처럼 어려움이 몰아쳐 올 때

가장 먼저 주님의 도우심을 원합니다

고통과 아픔이 다가와도 가볍게 떨쳐낼 수 있는

마음의 여유를 원합니다

위로받겠다고 투정하기보다 남을 위로할 수 있는

깊은 마음의 여유를 갖게 해주시기를 원합니다

죄악의 가시투성이인 나를 품어주시는 주님을 사랑합니다

언제나 나의 모든 고백을 들어주시는
주님의 마음을 더 깊이 알기를 원합니다

묵상하기를 기뻐하는 삶

오, 주님!
세상은 소리들의 집합소 같습니다
큰 소리, 작은 소리, 고통과 절망의 아픈 소리,
즐거운 비명과 웃음소리,
힘있는 구호와 선동하는 소리, 아이들이 떠드는 소리
음악 소리, 텔레비전 소리, 차 소리, 빗소리, 바람 소리
너무나 많습니다
도시에서는 모든 것이
조용하기를 포기하고 떠들어대는 것만 같습니다
숲길을 걸으면 모든 나무가 조용히 묵상하고 있습니다
그러면서 하나님의 섭리를 깨닫습니다
오직 사람만이 자기들의 소리를 목청껏 질러대며
터무니없는 요구를 하고 있습니다
나무들은 기도와 묵상으로 살아가기에
하나님은 그들을 길러주시고 열매 맺게 해주십니다
우리의 삶이 묵상하는 삶이 되기를 원합니다
이 세상은 영적인 싸움터이기에 기도하지 않으면

아무것도 할 수가 없습니다
주님의 말씀대로 살기를 원합니다
기도할 때마다 마음에 평안이 가득해집니다
기도할 때마다 마음에 확신이 가득해집니다
기도할 때마다 마음에 사랑이 가득해집니다

오, 주님!
우리의 삶에 주님의 향기가 가득하기를 원합니다
경건한 삶을 통해
주님의 거룩하심을 닮아가게 해주시기를 원합니다
주님의 사랑을 다른 사람들에게
기쁨과 행복으로 전하게 해주시기를 원합니다
묵상을 통해 갈등과 고통 속에서 벗어나
큰 위로와 소망을 갖게 해주시기를 원합니다
주님을 향한 소망이 더 커지기를 원합니다
하나님과의 인격적인 교제를 나누게 해주시고
우리의 삶이 시냇가에 심은

나무가 되게 해주시기를 원합니다

나의 모든 것을 주님과 나누게 하시기를 원합니다

나를 나 되게 해주신 분은 주님이심을

영혼 깊이 새기게 해주시기를 원합니다

은혜의 단비를 내려주소서

오, 주님!
여름날 한바탕 쏟아지는 소낙비가 좋습니다
우리의 답답한 마음을 깨끗이 씻어주고
온갖 더러운 것을 씻어내리기 때문입니다
우리의 삶 속에 은혜의 단비가 내리기를 원합니다
비는 영화의 주제가 되기도 하고 음악과 미술, 시와 소설,
갖가지 예술의 이미지가 됩니다
어린 시절엔 누구나 한 번쯤
소낙비를 흠뻑 맞아본 경험이 있을 것입니다
온몸이 젖어도 어린 시절에는 즐거움이었기에
좋은 추억으로 남아 있습니다
비는 너무 적게 내리면 가뭄이 들고
너무 많이 내리면 홍수가 납니다
우리의 삶 속에서 일어나는 모든 일도 그러합니다
하나님께서는 때에 따라 우리에게
이른 비와 늦은 비를 내려주십니다
온 땅을 적시는 비처럼 우리의 마음도

하나님의 사랑으로 적셔지기를 간절히 원합니다
봄비가 우리에게 전해주는 소식은 생명의 소식입니다
십자가 보혈의 사랑은 지금도 멈추지 않고 흘러내립니다
우리는 주님의 사랑에 자꾸만 젖고 싶습니다
하나님의 사랑에 빠져 든 사람만이
진정 영혼까지도 사랑합니다
하나님의 사랑을 받은 사람은
자신의 삶도 아름답기를 원합니다
우리에게 언제나 단비처럼 내리는 하나님의 사랑 속에
우리는 새 생명의 축복받은 삶을
더욱더 아름답고 멋지게 살아가기를 원합니다

사랑하는 사람이 아플 때

오, 주님!

사랑하는 사람이 아픈 걸 보고 있자면

차라리 내가 대신 아팠으면 하는 마음이 듭니다

고통 속에서 잠조차 이루지 못하는 것을 볼 때

안타까운 마음은 어찌할 수가 없습니다

온갖 약으로도, 의사의 치료로도 완치될 가망이 없을 때

절망은 헤어 나올 수 없는

깊고 깊은 웅덩이에 빠져버립니다

마음이 착하고 고운 사람이 왜 아파야 하는지

그 이유를 모르겠습니다

남에게 해를 주기는커녕

남을 위하며 베풀기를 좋아했던 사람입니다

어느 날 그는 갑자기 삶의 종말을 선고받았습니다

오늘도 주님께서

수많은 병자를 치유해주심을 나는 믿습니다

사랑하는 이의 상처에 주님의 따뜻한 손길이 닿기를 원합니다

그는 평안한 마음으로

주님의 인도하심을 받기를 원하고 있습니다
그의 몸은 병들어 있지만
영혼은 새롭게 치유받았음을 믿습니다
삶의 적인 병을 앓는 사람이
도리어 건강한 사람을 위해
기도하고 위로해주고 있습니다
그의 마음에는 주님의 위로와
소망과 사랑이 가득합니다
모든 것이 주님의 인도하심이라 믿으며
모든 것을 주님의 뜻에 따르며 순응하고 있습니다
우리는 인간적인 안타까움에 몸부림칩니다
불치의 병일지라도 주님의 도우심과 치료하심을 원합니다

오, 주님!
하나님은 왜 그렇게 착한 사람을 일찍 데려가시려는지
자꾸만 묻고 싶어집니다
하나님의 품은 크니

모든 것을 안아주심을 믿습니다
하나님의 품은 따뜻하니
모든 아픔을 다 감싸주실 줄로 믿습니다

우리의 모든 삶을 주님께 맡깁니다
우리의 몸과 마음, 영혼까지
주님의 치유를 받기를 원합니다
모든 것이 주님의 사랑이며 축복입니다
우리를 온전하게 해주시는 주님은 사랑이십니다

고독하다는 것은

오, 주님!
고독하다는 것은
혼자라는 존재를 깊이 느끼고 있는 것입니다
사람들은 저마다 고독을 느끼며 살아가고 있습니다
고독은 자유입니다
가을 낙엽마저 고독으로 떨어집니다
고독해지면 별빛마저 차가워집니다
고독에도 병에 이르는 고독과 창조적인 고독이 있습니다
감정에만 사로잡힌 고독은 몸을 상하게 하고
영혼에까지 병을 가져옵니다
그러나 고독다운 고독은 도리어 창조적이고 아름답습니다
홀로 조용히 묵상하는 것은
자신의 의지와 사고에 변화를 가져다줍니다
예수그리스도 우리 주님의 삶은 언제나 고독이었습니다
겟세마네 동산의 고독, 갈보리 십자가의 고독은
주님이 아니시면 아무도 감당할 수 없는
처절한 고독이었습니다

주님의 고독은 우리를 구원하시기 위한
위대한 고독입니다
고독은 고독 자체만으로 파고들면
비참한 결과를 맞이하게 됩니다
고독은 우리를 파괴하는 가장 무서운 감정이 될 수도 있습니다
고독이 찾아올 때는 음악을 듣거나 책을 읽거나
친구와 전화를 하거나
사랑하는 사람과 대화를 나누며 극복합니다
우리에게 다가오는 이 모든 고독을
주님과의 대화로 이겨나가게 해주시기를 원합니다

오, 주님!
우리는 우리에게 다가오는 일에
어떻게 대처하느냐에 따라
행복해지기도 하고 불행해지기도 합니다
우리로 하여금 그리스도인으로서 가치 있는
삶을 살게 해주시기를 원합니다

무엇보다도 먼저

하나님의 뜻을 분별할 수 있게 해주시기를 원합니다

고독을 빌미로 초라하고 무능한 삶을 살기보다는

도리어 새로운 변화를 일으킬 수 있는

그리스도인이 되기를 원합니다

지금도 병상에서 혼자 외롭게 신음하는 사람,

직장을 잃거나 견디기 힘든 슬픔 속에서

하루하루를 고통스럽게 보내는 사람이 있습니다

진정한 행복은 고독을 이겨내는 것에서부터 시작됩니다

고독에서 완전히 벗어나신 주님의 삶처럼

고독을 이기게 해주시기를 원합니다

이유 없이 비난받았을 때

오, 주님!
나는 한 번도 그 사람을 비난하거나 미워한 적이 없습니다
그런데 이게 어찌 된 일입니까?
내가 없는 곳에서 아무런 이유 없이
내가 비난받았다는 사실이 감당하기가 너무 힘듭니다
갑자기 날아 들어와 내 삶을 부숴놓은 돌멩이 같습니다
무작정 비난하고 모욕했다는 것을 알고 나니
씁쓸한 맛을 지울 수가 없습니다
가까운 사이도 아니었고 별 만남도 없었습니다
서로 부담 되는 사이도 아니었고
부담이 될 일도 없었습니다
무척이나 속이 상합니다
만나서 조목조목 따지고 싶습니다
하지만 나는 다시 삶 속에서 부족함과 잘못을 깨닫습니다
여유 있는 태도, 예의 바른 태도, 남의 말에 경청하는 자세,
이해심, 자신감, 확실한 의사 표현, 유연성과 유머가 있는
자연스러운 삶을 살아가기를 원합니다

내 마음에 드는 사람도 있고 미운 사람도 있지만
나의 부족함을 알고
모든 사람을 사랑하는 마음을 가져야겠습니다
다른 사람이 나에게 상처를 줄 때
나의 마음이 아픈 것처럼
내가 다른 사람의 마음에 상처를 주어서는 안 된다는 것을
마음속 깊이 느끼게 되었습니다
남에게 도움 되는 삶을 살게 해주시기를 원합니다

오, 주님!
입장을 바꿔 생각해보라는 말이
그냥 하는 말이 아니라는 것을 알겠습니다
모든 일을 편안한 마음으로
여유롭게 대하게 해주시기를 원합니다
주님의 마음을 배워 사랑하며 살게 해주시기를 원합니다
삶 속에서 미움은 줄여가고
사랑의 마음은 넓혀가게 해주시기를 원합니다

무능하다는 생각이 들 때

오, 주님!
삶의 리듬이 팽팽하다가
어떤 충격으로 툭 끊어져 버렸을 때
쏟아지는 무력감이 너무 무겁습니다
모든 일이 동시에 중단되고
아무것도 할 수 없다는 무력감 속에서
존재의 의미마저 잊게 되는 것입니다
무능하다고 느낄 때는
힘차게 뛰던 맥박조차 나약해지고 맙니다
정신을 똑바로 차리고 살아도 바쁜 세상에
점점 소외되어가는 외로운 적막 속에서
가치 없는 존재로 전락해버립니다
능력 없는 슬픔은 내일을 기약할 수 없어
알 수 없는 푸념만 늘어갑니다
버티고 살아도 모자란 매정한 세상 속에서
홀로 갇혀 살아간다는 것은
삶을 한스런 통곡으로 몰아넣는 일입니다

오, 주님!

몰인정한 세상에서

때로는 삶이란 파도에 밀리며 살아가더라도

힘이 들고 피마저 싸늘히 식어가더라도

꿈을 갖고 일어나게 도와주시기를 원합니다

꿈은 힘을 주고 무능에서 벗어나게 하오니

꿈 밭을 개간하여 이루게 해주시기를 원합니다

우리의 삶에는 늘 어려움의 비탈과 고통의 고갯길과

실패의 벼랑이 있습니다

시련이 도리어 우리를 강하게 만들고

새롭게 함을 깨닫게 해주시기를 원합니다

주님의 말씀이 내 마음속에서 달게 익어가고

날마다 강한 능력으로 살게 해주시기를 원합니다

실수했을 때

오, 주님!
나의 부족함으로 실수를 저질렀을 때
묘한 눈으로 바라보는 굴절된 생각 탓에 가슴이 아픕니다
실수를 고의로 생각하고
일부러 저지른 것처럼 매도할 때
참으로 비참해져 마음에 깊은 상처가 남습니다
실수가 사람의 모습을 비참하게 만들고
초라하게 만들 때가 있습니다
변명할 수도 없고 이해도 구하지 못하고
모두에게 외면당할 때 허탈감을 금할 수 없습니다
격한 감정으로 말하다가는 도리어 충돌할 수밖에 없기에
오해가 풀리기만을 기다립니다
이해와 용서를 바랄 뿐 아무것도 소용이 없습니다

오, 주님!
아무에게도 호소할 수 없을 때 간절히 주님을 찾습니다
일은 이미 저질러졌고 뒤집을 수도 없는데

무슨 말을 해도 변명으로만 여겨질 때
모든 것에서 떠나 주님을 만나기를 원합니다
실수와 고의의 차이는 상대방이 느끼는
마음에 따라 전혀 달라진다는 것을 알았습니다
실수가 실수로 끝나지 않고 갈등을 빚어낼 때
아픔은 뼛속까지 흐릅니다
아차 하는 순간에 모든 것이 물거품이 되고
좋은 관계에 금이 가고 맙니다
항상 깨어 있게 해주시기를 원합니다
약속을 지키며 살게 해주시고 정직하고 진실하게 살아
흐트러짐 없는 삶을 살게 해주시기를 원합니다
어떠한 순간에도 제자리를 지킬 줄 알게 해주시고
남에게 해를 입히거나 부정한 행동을 함으로써
죄를 짓지 않게 하소서
오직 주님을 바라보며 주님을 닮아가며
주님의 선하신 일에 동참하게 해주시기를 원합니다
나의 부족함으로 실수가 생겼을 때 먼저 용서를 구하고

실수를 인정하게 해주시기를 원합니다

나를 항상 지켜보시고 인도해주시는 하나님께

감사와 찬양을 드립니다

남을 배려하는 마음

오, 주님!
모처럼 주말에 시간을 내어 영화를 보게 되었습니다
구경하러 온 사람들이 많았습니다
어떻게 전개될까 하는 기대를 갖고
자리를 찾아 앉았습니다
그런데 그날따라 영화관 안이 무척 어수선했습니다
이 자리 저 자리를 옮겨 다니고 영화를 보는 중에도
여기저기에서 휴대전화가 계속 울렸습니다
그 때문에 짜증을 낸 사람의 휴대전화도 울렸습니다
아무리 뒤죽박죽인 사회라 해도 질서는 있어야 합니다
빌딩 숲에서 빌딩들이 저마다 서로의 높이를 뽐내며
키를 재듯이 제멋대로 살아서는 안 됩니다
영화가 상영되는 중간에도
무질서한 분위기는 계속되었습니다
뒤늦게 들어온 사람들은
웅성거리며 자리를 찾았습니다
영화관의 어둠 속에서 불빛은 도리어

위험하게 느껴졌습니다
이런 상황이 되풀이되어서는 안 된다는 생각을 했습니다

오, 주님!
공공장소에서는
남을 배려하는 마음을 가졌으면 좋겠습니다
남이 저지른 실수에만 지적하지 말고
스스로 질서를 지키며 모든 행동에 조심을 기울였으면 좋겠습니다
뒤편에 앉은 사람들은 끊임없이 떠들어댔습니다
영화를 보면서도 계속 이야기하는 사람들은
혼자만 즐거우면 된다는 잘못된 생각을 갖고 있나 봅니다
삶은 서로 질서를 지킬 때
더욱더 풍성해진다는 것을 알기를 원합니다
즐거움을 찾으러 간 영화관에서 남을 조금만 배려하면
조용하고 평안한 분위기에서
좋은 영화를 잘 관람할 수 있습니다
주님을 만나는 시간에도

각자 떠들고 돌아가는 것이 아니라
조용히 주님의 음성을 들을 수 있기를 원합니다
조용히 기도함으로 주님을 더 깊이 알게 되기를 원합니다

새들의 기도

내 몸은 작지만 하늘을 마음껏 날아다닐 수 있음은
하나님의 놀라우신 섭리임을 믿습니다

푸른 하늘을 높이 날면 날수록
하나님을 의지할 수밖에 없습니다
홀로는 두려움 속에 견딜 수 없으나
하나님을 신뢰하고 허공을 향해
힘차게 날개를 저으며 비행을 하면
자연스럽게 온 하늘과 땅이 아름답게 보입니다

나를 연단시키시고 훈련을 시키셔서
작은 둥지에서부터 온 하늘을
힘차게 마음껏 날 수 있도록
인도하신 하나님을 찬양합니다

하늘을 높이 날면 날수록
하나님이 가까이 계심을 믿고

날개를 퍼덕이며 날아오르면

참으로 행복합니다

왠지 허망한 생각이 들 때

오, 주님!
왠지 허망한 생각이 들 때
마음이 허전해질 때
허망의 덫과 그물에 걸려들지 않기를 원합니다
사람들은 때로 환상 같은 그럴듯한 일이
눈앞에 벌어지기를 바라지만 모두가 잘못된 생각입니다
별 변화가 없는 듯해도 진실하고 성실한 삶이
얼마나 귀하고 소중한 삶인가를 알아야 합니다
우리의 욕심대로 움켜쥐고 지키고 방어하고
조금이라도 손해를 볼까 벌벌 떨며 두려워하다가
모든 것이 한순간에 날아갔을 때
죽을 만큼 힘들어하는 사람도 있습니다
모든 것이 위협하며 목을 조르는 듯한 느낌 속에
가슴속 깊은 곳까지 두려움이 가득해질 때가 있습니다
세상이 온통 어두워지고
나 홀로 남겨진 것 같은 느낌을 지울 수가 없습니다
눈에 보이는 것들을, 손에 붙잡은 것들을

품 안에 안았던 것들을 모두 잃었을 때
그 안타까운 마음에 다가오는 것은 고통입니다
삶의 모든 주머니가 텅 비어버린 듯한 느낌이 들 때
모든 것이 썰물처럼 떠나버리고
쓸쓸하고 황량함으로 가득해져 모두 다 외면하려 할 때
주님께서 붙들어주시기를 원합니다

오, 주님!
요행과 한탕주의에 빠져 허망한 것을 기대하며
살지 않게 해주시기를 원합니다
순간의 즐거움보다는 영원한 안식을 주시기를 원합니다
남에게 기대어 살지 않게 해주시고
스스로 일어설 수 있게 해주시기를 원합니다
우리의 삶이 부질없는 몸짓으로 끝나지 않기를 원합니다
주님 안에 있으면 날마다 즐겁고 행복하오니
허망함에서 벗어나 소망 속에 살게 해주시기를 원합니다
아무것도 없는 맨땅에서 푸른 싹이 돋아나듯이

나의 마음속에도 새로운 믿음으로
새로운 소망의 싹이
힘차게 돋아나게 해주시기를 원합니다
하얗게 피어오르는 연기처럼
나의 기도가 주님께 전달되기를 원합니다

내일을 기대하며

오, 주님!
우리는 언제나 치열한 경쟁 속에서
앞서거니 뒤서거니 하며 살아갑니다
이 생존경쟁에서 벗어날 수는 없습니다
온갖 시련과 어둠을 이겨내 참다운 삶을 살 때
삶은 그만큼의 값어치가 있는 것입니다
생각지도 않았던 일이 일어나더라도
좌절하지 말고 살아야 합니다
넓고 넓은 푸른 바다도
단 한 방울의 물에서 시작된 것입니다
초록이 펼쳐진 저 들판도
이름 모를 풀 한 포기에서 시작된 것입니다
우리는 모두 다 지구 안에서 단 하나뿐인
하나님의 사랑을 받는 가장 소중한 사람입니다
이 얼마나 귀한 존재입니까?
우리는 무엇보다 사람을 소중하게 생각하고
영혼을 소중하게 생각해야 합니다

우리에게 다가오는 어려움 때문에
삶을 포기하거나 굴복하지 않게 하시고
헤쳐 나갈 수 있는 믿음을 주시기를 원합니다
모세는 나일 강가에 버려진 아이였지만
현실을 이겨내고 하나님의 귀한 부름을 받았습니다
요셉은 유혹을 받으면서도 모든 어려움을 극복하고
가족을 구원하는 일을 해냈습니다
욥은 감당하기 힘든 시련을
믿음으로 극복하여 축복을 받았습니다
이 땅의 그 어떤 사람도
고난과 시련을 면제받거나 피해 가지 못합니다
우리도 다니엘처럼, 에스더처럼, 주님처럼 기도하며
내일을 기대하며 살게 해주시기를 원합니다
오늘은 영원한 시간 속의 한순간임을 잊지 말아야 합니다
작은 일에 성내지 않고
작은 일에 욕심내지 않고
작은 일에 미워하지 않고

넓은 마음으로 내일을 소망하며 살기를 원합니다

오, 주님!
삶 속에서 일어나는 작은 실망에서 벗어나
꿈과 희망을 갖게 해주시기를 원합니다
내일이 우리를 초대하고 부르며 손짓하고 있습니다
내일을 향하여 달려가게 해주시기를 원합니다
우리의 귀에 익은 이름 예수그리스도의 이름으로
기도하며 살게 해주시기를 원합니다

사랑이란 이름의 바다에

오, 주님!
사랑이란 이름의 바다에
결혼이라는 이름의 배를 띄웁니다
이 배는 신랑 신부 두 사람의
하나 된 사랑으로만 전진할 수 있습니다
때로는 비바람도 폭풍우도
거센 파도도 몰아쳐 오지만
두 사람의 변함없는 사랑만 있다면
아무것도 두려워할 것이 없습니다
하나님의 축복 속에
사랑하는 이들의 축복 속에
결혼하는 부부의 사랑의 힘은
모든 것을 평화와 기쁨으로 만듭니다
서로의 눈빛으로 말하고
서로의 마음으로 기도하며
사랑의 노를 힘차게 저어 가기를 바랍니다

오, 주님!

힘들 때마다 서로 위로해주고

연약해질 때마다 서로 도와주며

부족할 때마다 서로 채워주는

사랑하는 두 사람이 탄 배가

하나님의 인도하심으로 항상 순항하기를 원합니다

하나님이 언제나 소원의 항구로

인도해주시기를 원합니다

행복이란 열매가 그들의 항해 속에 가득하기를 원합니다

신랑 신부 두 사람이

항상 주 안에서 행복하기를 기도합니다

봄이 오는 길목에서

오, 주님!
양지바른 언덕에 봄기운이 가득합니다
겨울이 길어지면 봄이 더 기다려집니다
봄이 우리 곁에서 되살아나고 있습니다
겨울은 떠나기 위해
꼭 잡았던 차가운 손을 놓으려 하고 있습니다
봄은 왜 기다려지는 것일까요?
봄은 새로움 곧 생명이 싹트는 계절입니다
하늘과 땅의 색깔이 달라지고
사람들의 얼굴마다 웃음꽃이 가득합니다
들판에 번지는 초록의 물감과
우리의 마음에 넘치는 봄 노래
그리고 꽃들의 찬란한 잔치 속에
새로운 사랑과 새로운 기쁨을 알게 하는 계절입니다
봄이 오면 몸도 가벼워지고 발걸음도 가벼워지고
두꺼운 겨울옷도 벗어버리게 됩니다
봄이 오면 거리로 쏟아져 나오는 사람들이 많습니다

새로운 것을 찾고 새로운 것을 기대하는 마음입니다
겨울이 겨울잠을 자는 개구리처럼 움츠리는 계절이라면
봄은 깊은 잠에서 깨어나는 상쾌한 계절입니다
봄에는 수많은 들꽃이
서로 앞 다투어 피어나기 시작합니다
봄을 환영하는 꽃들을 보면
모두들 얼마나 오랫동안 봄을 기다렸는지 알 수 있습니다

오, 주님!
봄은 모든 것이 회복되는 계절입니다
삭막한 도시와 지친 마음에
새로운 기운이 돌았으면 좋겠습니다
우리가 주님을 만나던 날 믿음의 봄은 시작되었습니다
이 봄에 우리 믿음의 첫사랑도 다시 회복되기를 원합니다
봄은 그리움이 함께하는 계절입니다
우리는 누구나 그리움의 대상을 가지고 있습니다
그리움에는 여러 가지 그리움이 있지만

주님을 만나고 싶은 그리움
천국에 대한 그리움이 있습니다
기도를 드릴 때에도 응답을 기다리는 그리움이 있습니다
그리움은 마음속에서 일어나는 사랑의 간절함입니다
그리움은 우리 마음의 소중한 고백으로 이루어집니다
그리움이 있는 사람들은 정직하고 진실하고
솔직하게 살아감으로 세상을 더 아름답게 만듭니다

행복한 삶을 위해

오, 주님!
행복이 무엇입니까?
그것은 자신이 원하는 것을 소유하고
소망하는 것을 이루고
죄를 용서받으며 사랑하고 사랑받는 삶입니다
사람들은 누구나 행복해지기를 원합니다
행복은 마음으로부터 느끼는 기쁨입니다
우리가 주님을 영접하여 구원을 확인했을 때
느껴지는 기쁨이 행복입니다
우리의 행복은 홀로 느끼는 행복도 있고
함께 느끼는 행복도 있습니다
행복은 구속이 아닌 진정한 사랑의 모습입니다
행복은 가장 가까이 자신의 마음에서 시작되는 것입니다
행복은 욕심이나 욕망에서 이루어지는 것이 아니라
순수함과 정직함, 그리고 진실한 마음에서 비롯되는 것입니다
우리는 주님으로 인해 구원을 받았으니
이 행복을 기쁨으로 전하는 삶을 살기를 원합니다

우리는 행복에 초대받기를 원하며
행복의 주인공이 되기를 원합니다
행복한 마음과 사랑은 나누면 나눌수록
기쁨과 평안을 샘솟게 합니다

행복은 내 마음에서 시작됩니다
아침에 일어나서도 하루를 감사로 시작하는 사람과
불평으로 시작하는 사람의 모습에는
엄청난 차이가 있습니다
몸과 마음이 하나가 되어 웃을 일이 있다면
참으로 행복한 일입니다
우리는 작고 사소한
주변의 것부터 행복으로 받아들이고
행복을 만들어가는 삶을 살아야겠습니다
우리가 작은 것에서 행복을 느끼지 못한다면
어떤 기분 좋은 일도 행복으로 연결되기는 어려울 것입니다
모든 슬픔은 잠깐입니다

모든 고통도 잠깐입니다
우리에게는 주님이 주시는
영원한 구원의 기쁨이 넘칩니다
우리와 주님 사이에 이어진 행복의 줄이 끊어지지 않도록
기도와 말씀과 예배로
날마다 삶을 점검하며 살기를 원합니다

아픔이 다가올 때

오, 주님!
누구에게나 아픔이 있습니다
때로는 깊은 속살까지 파고들어 갉아먹기도 하고
때로는 스스로를 철저하게 부수고 휘감아버리기도 합니다
아픔을 드러내는 사람도 있고
가슴 깊이 담아둔 채 삭이는 사람도 있습니다
그 아픔이 느껴지고 만져질 때
고통은 입과 머릿속에서 악을 쓰게 합니다
아픔에는 육체적인 아픔도 있고 영적인 아픔도 있고
인간관계에서 오는 아픔도 있습니다
자신의 잘못으로 마주하는 아픔도 있지만
다른 사람에 의해서
혹은 전혀 알 수 없는 이유로 다가오는 아픔도 있습니다
아픔 속에서 감당할 수 없는 비난이 눈앞에 보일 때는
참지 못하고 실수를 저지를까 두려울 때도 있습니다
마음속에서 분이 부글부글 끓어오를 때도 있습니다
우리에게 다가오는 아픔에 대처할 수 있는

방법을 가르쳐주시기를 원합니다
모든 고통과 아픔을 기도를 통하여
극복할 수 있기를 원합니다
우리가 주님의 사랑을 느끼고 체험하며
주변 사람들이 아픔을 당했을 때 사랑으로 감싸줄 수 있는
믿음과 용기를 주시기를 원합니다

오, 주님!
사탄이 가장 잘 쓰는 무기는 낙심이라고 합니다
우리가 낙심하지 않고 강하고 의연하게
모든 아픔을 이겨내고
현명히 대처해나가게 해주시기를 원합니다
뼛속 깊이 느껴지는 아픔을 감추지 않고
모두 다 주님 앞에서 회개하기를 원합니다
주님의 은혜 안에서 안식을 얻게 하시고
우리가 당하는 모든 아픔을 믿음과 슬기로 이겨내어
하루하루 감사가 넘치는 삶을 살게 해주시기를 원합니다

어려울 때일수록 웃음을 잃지 않게 해주시기를 원합니다
힘들고 아픔이 있을 때 가족들과 성도들이
주 안에서 서로 사랑하게 해주시기를 원합니다

주님의 십자가를 묵상하며

오, 주님!
우리는 십자가의 보혈로 구원받고
용서받은 그리스도인입니다
주님의 십자가를 묵상하며
주님의 사랑을 마음에 새기기를 원합니다
인간은 원죄와 스스로 저지른 범죄로 인해
늘 고통받습니다
때로 죄로부터 도망치려 하나
아무런 소용이 없습니다
죄는 인간에게 가장 무거운 짐입니다
죄의 올가미에 걸려들면
그 고통에서 벗어날 수가 없습니다
하나님께서는 우리에게 용서의 길을 마련해주셨습니다
우리의 모든 죄악을 하나도 빠짐없이
깨끗하게 용서해주시는 것은 바로 하나님의 사랑입니다
독생자이신 예수그리스도를 십자가에 못 박음으로
이루신 놀라운 사랑입니다

주님께서 우리의 죄를 대속하여주셔서
우리는 구원받고 용서받게 되었습니다
이 놀라운 사랑에 감사와 찬양을 드리며
날마다 십자가의 사랑을 묵상하며 살기를 원합니다
우리는 구원을 받아
삶과 영혼에 새로운 변화가 일어났습니다
우리는 죄악에서 벗어나 거듭났으며
우리의 마음에 평안과 기쁨이 찾아왔습니다
구원의 확신 속에는
하나님이 허락하신 진리의 자유가 있습니다
진정한 구원의 삶에 기쁨이 넘칩니다

오, 주님!
기도를 통해 우리의 모든 것을 고백하고
고침을 받고 심령의 치유를 받기를 원합니다
우리의 삶에 언제나 주님이 동행하여
임마누엘의 신앙으로 살게 해주시기를 원합니다

우리가 용서를 받았으니 용서하는 삶을 살아가는
복된 그리스도인의 삶을 살게 해주시기를 원합니다

주님의 십자가를 묵상하며 살기를 원합니다
주님의 십자가 앞에서 살기를 원합니다
날마다 주님의 십자가의 고난을 묵상하며
나의 십자가를 지기를 원합니다
주님의 무한하신 사랑 안에서 살기를 간절히 원합니다

주님을 닮아가는 삶

오, 주님!
우리 주님 예수그리스도는 어떤 분이십니까?
주님은 바로 우리의 모든 죄악을 구원해주시는 분입니다
급변하는 세상에서 주님을 닮아가기를 원합니다
이 세상의 모든 것은 변합니다
그러나 주님은 언제나 변함없이 우리와 함께해주십니다
참된 그리스도인이 되려면
주님의 마음을 닮아가는 삶을 살아야 합니다
주님을 믿으면 삶이 변화되고
마음속 깊이 주님이 주시는 평안을 누리게 됩니다
우리가 구원의 확신을 갖고 새 생명을 얻었으니
더욱더 예배하는 삶을 살기를 원합니다
우리 모두가 예수그리스도를 믿고 모든 죄를 용서받아
참된 기쁨과 소망을 갖게 해주시기를 원합니다
기도하고 찬양하고 예배하는
우리의 생활 속에 주님이 동행하심을
믿게 해주시기를 원합니다

오, 주님!
우리에게는 주님이 함께해주심이 축복입니다
주님은 우리의 죄를 깨끗이 씻어주시고 용서해주셨습니다
예수그리스도의 보혈은 우리의 죄악을 씻어주시는
놀라운 사랑의 표현입니다
우리는 날마다 주님을 영접하고 닮아가고
주 안에서 살아가기를 원합니다
참되고 복된 그리스도인으로
새 생명의 길로 나아가게 해주시기를 원합니다
주님은 고결한 희생으로
우리를 죄악에서 구원해주셨습니다
주님을 십자가에 달리게 한 죄인은 바로 나였습니다
주여!
용서해주시기를 원합니다

자기 멋대로 살아가는 사람들

오, 주님!
세상에는 질서를 무시하고 관계를 무시하고
수단과 방법을 다 동원하여 온갖 죄를 저지르고
자기 멋대로 살아가는 사람들이 많습니다
인생은 결국 모두 죽음으로 가는데 진리대로 살지 못하고
모자이크 하듯 요리조리 잔머리만 굴리고 꾀만 부려
자기 좋을 대로 살아가는 사람들을 보면
참으로 안타까워집니다
저 좋을 땐 간이라도 빼줄 듯하다가도
언제 그랬느냐는 듯이
종종걸음으로 달아나는 이기적인 사람들이 있습니다
그들은 하나님이 살아 계심을 모르는 어리석은 사람들입니다
어제와 오늘이 다르고 내일은 또 어떻게 변할지 모르는
순간순간마다 달라지는 사람들입니다

오, 주님!
믿어야 할지 믿지 말아야 할지 알 수 없는 사람에게는

도저히 마음을 줄 수도 없고 함께 나눌 수도 없습니다
생각하면 할수록 허망하고 딱한 사람들입니다

삶은 아름다워야 합니다
주님은 언제나 우리의 진실을 보시고
우리의 마음을 읽고 계십니다
주님 앞에 드러나지 않을 것이 무엇이 있겠습니까?
날마다 진실하게 살아가기를 원합니다

내 마음을 솔직하게 표현하고 싶을 때

오, 주님!
내 마음을 솔직하게 표현하고 싶을 때가 있습니다
모든 마음을 다 쏟아놓고 속 시원하게
하소연하고 싶을 때가 있습니다
우리는 솔직하게 살아가야 합니다
살다 보면 물 빠져나간 갯벌처럼, 살 발라 먹은 생선 뼈처럼
다 드러날 게 뻔한데 왜들 그렇게 서두를까요?
남보다 조금 더 빨리 성공하겠다고
간도 쓸개도 없이 약은 수를 다 쓰면서
잔머리를 굴리면 무엇 하겠습니까?
세상의 모든 자리 오르고 올라봐야
언젠가는 다시 내려와야 하는데
남의 가슴에 못을 박아 상처를 내고 출세한들 무엇 하겠습니까?
앞에서는 고개를 숙이다가
돌아서면 손가락질하며 험담을 늘어놓을 텐데
두 다리 쭉 뻗고 잠이나 편히 자겠습니까?

오, 주님!

삶이란 있는 모습 그대로 성실하게 살다 보면
하늘도 알고 땅도 알아주고 주변 사람들의 인정 속에
좋은 세월을 만날 수 있는 것이지 않겠습니까?
인생은 흐르는 세월 앞에 속수무책입니다
황혼이 물들어 오는 날에도
지난 세월 후회 없이 살았다고 말할 수 있어야 합니다
우리는 떳떳하고 정직하게 살아야 합니다
살아 있는 모든 것은
자신의 모습을 있는 그대로 보여주어야 합니다
우리 인간들처럼
위장하고 포장하는 경우는 드물 것입니다
우리의 모습 그대로를 사랑하시는 주님께
마음을 있는 그대로
솔직하게 말해야 합니다

삶도 한 권의 책

오, 주님!
서재에서 책을 정리하며 수많은 생각을 합니다
책 한 권마다 구입한 곳과 이유가 기억납니다
서재에 책이 가득하기까지는
오랜 시간과 돈이 필요했지만
내가 좋아하고 내게 필요했던 책들이기에
서재를 바라보면 참 행복해집니다
이 많은 책 한 권 한 권은 작가들의 사랑과 고뇌
그리고 땀과 노력으로 이루어져 있습니다
얼마나 많은 날을 고뇌와 아픔으로 보냈겠습니까?
또 얼마나 기뻐했고 얼마나 절망했겠습니까?
진실이 담긴 책은 한 권 한 권 모두 소중합니다

오, 주님!
이 수많은 책이 오랜 시간의 노력으로 한곳에 모였습니다
그렇기에 더욱더 애착이 가고 소중하게 느껴집니다
책은 참으로 놀라운 일을 해냅니다

세계를 움직이는 사람은 책을 즐겨 읽는 사람입니다
모든 책은 저마다 다른 것을 담고 있습니다
책 중에는 늘 머릿속에 남는 책이 있고
한 번 스쳐 지나가는 책도 있습니다
우리의 삶도 책과 같습니다
늘 읽히는 삶이 있고 곧 잊히고 마는 삶도 있습니다
누구나 자기 나름대로 책을 쓸 수 있습니다
낙서가 될 수도 명작을 남길 수도 있습니다
삶이라는 책을 기록할 수 있는 것은
우리의 진실한 마음입니다
우리의 삶이 주님으로 인해 진실해지기를 원합니다

평생 감사하며 살게 하소서

천지 만물을 아름답게 만드신
세상에서 가장 멋진 조각가이신 하나님
온갖 열매를 허락하심을 감사드립니다

전능하신 창조의 손길로
씨 뿌리게 하시고 거두게 하시니
무한하신 사랑을 찬양합니다

모든 열매로 풍성하게 하시는
하나님께 감사드립니다
이 모든 열매는
하나님의 은혜와 사랑입니다

우리를 주님의 이름으로 구원받게 하시고
우리의 목자가 되시어 날마다 동행해주시고
우리가 살아가는 동안
열매 맺게 하심을 감사드립니다

우리의 온 마음과 정성으로
감사드리기를 원합니다
하나님께 감사드림이 얼마나
놀라운 축복인가를 알게 해주시기를 원합니다

평생 감사하며 살게 하소서
예수그리스도의 놀라운 그 이름으로
감사하며 살게 하소서

날마다 주님과 함께

오, 주님!
우리의 삶 하루하루가
하나님이 허락해주신 귀한 날입니다
모든 날의 방향을 바로잡아 충혈된 눈이 아니라
맑은 눈으로 날마다 주님과 함께 살아가기를 원합니다
날마다 가슴 안에 헛된 것을 품고 고민에 빠지기보다는
삶의 푯대를 분명하게 세워
무릎 꿇고 기도하며 살기를 원합니다
내가 가는 길을 물으며 내밀어주시는 주님의 손을 잡으며
목적과 의미가 확실한 삶을 살아가기를 원합니다
하루하루를 의미 있고 보람차게 보내는 방법은
무엇이겠습니까?
망설이지 말고 먼저 하나님께 모든 것을 의탁하는 마음으로
기도하며 하루를 시작하기를 원합니다
하나님의 뜻을 이루며 맡은 자의 구할 것은
충성이라 하셨으니
하나님의 사랑을 배워가며 최선을 다해 살겠습니다

삶을 지루하지 않고 상쾌하게 살기를 원합니다
우리가 심은 대로 받는다고 하셨으니
온전한 믿음으로 살게 해주시기를 원합니다

오, 주님!
우리의 삶이 날마다
주님과 동행하는 삶이 되기를 원합니다
주님의 목적하심대로, 인도하심대로 살기를 원합니다
믿음은 새로운 변화를 가져다주니
뜨거운 사랑으로 영원까지 타오르기를 원합니다
믿음은 우리에게 구원을 확신하게 해주고
새로운 능력의 사람이 되게 해줍니다
믿음은 성령께서 우리의 마음에 역사하셔서
확신을 주는 것입니다
믿음이 있는 사람은 삶 속에서 예수그리스도를 증거하고
삶이 곧 예배가 되어 깨어 있는 목소리로 찬양합니다
우리는 날마다 주님으로 인하여

감격하고 기뻐하기를 원합니다
주님을 닮아 성도의 삶을 살기를 원합니다
날마다 소중한 삶을 이루어가기를 원합니다

여행을 떠나며

오, 주님!
열차를 타고 여행을 떠납니다
언제부턴가 모든 걸 훌훌 떨쳐버리고 떠나고 싶었는데
이제야 떠나게 되었습니다
마음에 가벼운 흥분과 기대가 감돕니다
여행이 늘 즐겨 입는 옷처럼 편할 수 있다면
삶에는 여유가 있을 것입니다
우리에게 불행의 창문만 열려 있는 게 아니라
행복의 문도 활짝 열려 있다는 것을 잘 알고 있습니다
주님은 우리가 어디로 가든 그곳에 계십니다
우리의 삶이 주님 안에서 익숙해지기를 원합니다
지루함이 느껴질 때 여행을 떠나면
새로운 것과의 만남으로 의욕과 열정을 갖게 됩니다
누구나 자신의 흔적을 남기고 싶어하지만
삶의 흔적을 남기며 살기란 어려운 일입니다
흘러가는 세월이 모든 것을 지워버리려고 하기 때문입니다
하지만 우리는 실망하지 않습니다

우리에게는 우리를 영원히 기억하시는
주님이 함께 계시는 까닭입니다

오, 주님!
열차는 정류장마다 멈추지만
나는 정해진 목적지에서 내릴 것입니다
때로는 여행지의 아름다움이 발길을 붙잡기도 합니다
그러나 곧 가족들에 대한 그리움이 커지기도 합니다
하지만 홀로 있을 때에도 주님은 언제나
친밀한 애정으로 나와 함께하고 계심을 압니다
열차 안의 사람들은 저마다
다른 목적지가 있고 다른 생각을 하고 있습니다
나는 지금 홀로 여행을 하고 있습니다
여행에 자꾸만 이유나 목적을 부여하면
고통이 될 수도 있습니다
자연스러움보다 여유로운 것은 없습니다
여행을 통해 나를 바라보며

나를 인도해주시는 주님의 사랑을 느껴봅니다
흐르는 강물을 바라봅니다
말없이 흐르는 강물은
언젠가 바다에 다다르게 될 것입니다
집으로 돌아갑니다
여행의 즐거움은 잠시뿐 집보다 좋은 안식처는 없습니다
가족들의 포근한 미소가 기다리고 있다는 것을
나는 알고 있습니다

작은 것의 소중함

오, 주님!
작은 것의 소중함을 알게 되었습니다
세상의 모든 것은 작은 것에서부터 시작됩니다
드넓은 들판도 작은 풀잎 하나에서 시작됩니다
넓은 백사장도 작은 모래알 하나하나가 모여 이루어집니다
아무리 정밀하게 만들어진 전자제품도
때로는 작은 나사 하나 때문에 큰 문제를 일으킵니다
작은 웃음, 작은 친절, 작은 나눔, 작은 감사, 작은 기도가
모이면 큰일을 이루어냅니다
작은 것을 소중하게 여기지 않으면
큰 것 역시 소중하게 여기지 못합니다
작은 것을 아끼고 소중하게 여기는 마음은
사랑에서 비롯됩니다
사랑은 모든 것을 소중하게 여기게 하고 보살펴줍니다
사랑은 상처를 감싸주고 허물을 덮어주고
언제나 함께 동행해줍니다

오, 주님!

작은 거짓이나 작은 실수나 작은 방종을
멀리하게 해주시기를 원합니다
작은 것들이 뭉쳐 커다란 일을 만듭니다
우리는 착한 일을 시작해야 합니다
우리의 마음에서부터 시작하여
주변과 이웃과 세계로 번져나가도록 해야 합니다
사랑을 가진 사람은 단순하고 이기적이지 않기 때문에
작은 것도 소중하게 여깁니다
지극히 작은 자에게 행함도 주님은 기억하십니다
일상생활에서부터 작은 사랑과 작은 친절로 살기를 원합니다
작은 것을 사랑한다는 것은
주님의 마음을 닮아가는 것입니다

약속을 신뢰하며

오, 주님!
약속을 지키며 산다는 것은
우리가 살아야 할 이유를 분명하게 알고 있다는 것입니다
삶을 열심히 살아가고 있다는 증거를 보여주는 것입니다
우리의 삶은 정해진 약속과
정해지지 않은 약속으로 이루어져 있습니다
우리의 삶 전체가 하나님의 약속입니다
하나님은 우리에게 약속을 주시고
그 약속을 지키시는 분입니다
사람들은 약속을 잘 지키는 사람을 신뢰하고 좋아합니다
약속을 지키려면 정직하고 건전하고 욕심 없는
순결한 마음이 있어야 합니다
우리를 일으켜 세워주시고 인도해주시는 분이
약속의 하나님이시기에
우리도 약속을 지키며 살아가기를 원합니다
아주 작은 아이와 한 약속부터
가족과 친구들과 이웃들과 사회와 공동체와

하나님과 한 약속을 지켜나가기를 원합니다
수많은 약속을 홀로 지켜나갈 수 없으니
하나님께서 지혜를 주시고 믿음을 주셔서
잘 이루어나가게 해주시기를 원합니다

오, 주님!
우리가 지극히 나약하고 연약할 때
하나님의 인도하심에 확신을 갖고 살기를 원합니다
어떤 순간에도 삶에 분명한 태도를 보이게 해주시고
분명한 선을 긋고 살아가게 해주시기를 원합니다
지키지 못할 약속은 하지 않게 해주시고
약속을 했으면 꼭 지키도록 해주시기를 원합니다
우리를 항상 지켜주시고 보호하시는
하나님의 약속을 신뢰하며 살게 해주시기를 원합니다

내가 주님을 몰랐더라면

오, 주님!
내가 주님을 몰랐더라면 아무런 소망도 없었을 것입니다
내가 주님을 몰랐더라면 어떤 삶을 살았겠습니까?
어리석음과 두려움에 빠져 있었을 것입니다
창백하고 핏기 없는 얼굴로 헛된 즐거움을 찾아
방황하고 있었을 것입니다
나의 삶은 방향도 없고 목표도 없었을 것입니다
헛된 것에 욕심을 부리며 살다가
영혼을 더럽히고 죄악의 수렁에 빠지고 말았을 것입니다
육체의 욕망과 쾌락에 빠져 자기도취에 만족했을 것입니다
주님께서 나를 선택하시고
나를 인도해주시고 사랑해주심을 감사드립니다
주님을 만나 나의 삶은 새롭게 바뀌었습니다
주님을 만나 무엇이 기쁨인지
무엇이 소망인지 알게 되었고
삶의 참다운 의미를 알게 되었습니다
주님께서 나의 손을 꼭 잡아주시기를 원합니다

내가 주님의 손을 놓으면
사탄은 어느새 나에게 손을 내밀고 있을 것입니다
나를 구원하시고 나를 사랑하시는 분이
천지 만물을 창조하신 하나님이라는 사실을 알았을 때
나는 축복으로 눈물을 흘렸고
그 놀라운 사랑을 받아 나의 모든 죄를 회개하고
주님을 구주로 영접하여 하나님의 자녀가 되었습니다

오, 주님!
나의 삶에는 언제나 주님의 손길이 함께합니다
내가 주님을 몰랐더라면
내 방식 내 습관 내 생각대로만 살아
삶은 불행의 연속이었을 것입니다
주님이 나의 목자가 되어주셔서 내 삶을 인도하심은
크나큰 기쁨이며 감격입니다
주님이 나에게 주신 축복을 깊이 깨닫게 하시고
주 안에서 기쁨으로 살게 해주시기를 원합니다

나는 주님을 소망하며 살게 되었습니다
우리는 말씀 속에서 세상을 어렵게 보는 것이 아니라
믿음으로 새로운 가능성을 찾기를 원합니다
하나님의 말씀은 생명이며 진리입니다
죄악의 진흙탕에서 날 건져주신 주님!
나를 인도해주신 주님의 깊은 사랑에 감사드립니다
주님의 은혜로 나의 삶은 새롭게 되었으며
기쁨과 은혜가 넘치게 되었습니다
주님의 일에 기꺼이 동참하며
적극적으로 뛰어들어 행할 수 있는 힘이 생겼습니다
어떠한 어려움도 나를 막지 못할 것입니다
도전 정신이 생겼고
할 수 있다는 자신감이 넘치게 되었습니다
나는 지금 주님이 함께하심으로 행복합니다

사랑을 나눌 수 있다면

오, 주님!
사랑을 나눌 수 있는 마음이 있다면
그보다 더 큰 축복이 어디 있겠습니까?
사랑이 없으면 무관심 속에 잊힌 것처럼
차디찬 공허감만 남습니다
이 세상엔 사랑에 굶주리고 목마른 사람들이 많습니다
사랑으로 인해 살기도 하고 죽기도 합니다
또 사랑으로 꿈과 소망도 갖습니다
주님이 죄인인 나를 받아주심으로 구원을 받았고
주님의 사랑을 소낙비처럼 흠뻑 맞았으니
이 사랑을 나누며 살기를 원합니다
사랑이 없는 생활은 사람을 고독하고 우울하게 합니다
사랑은 살아갈 이유가 되고 에너지가 됩니다
어떠한 고통의 순간에도 사랑만 있으면
잘 견디고 이겨낼 수 있습니다
사랑의 삶을 위하여 주님을 깊이 받아들여야 함을
잊지 않고 가슴 깊이 새기게 해주시기를 원합니다

하나님의 사랑은
우리에게 무한한 진리의 자유를 주었습니다
주님의 사랑에 빠져 들게 하셔서
영적인 충만함을 얻게 해주시고
말씀으로 믿음이 반석 위에 세워지기를 원합니다
욕망뿐인 사랑은 허탈감에 빠지게 하고
남는 것은 재와 같은 슬픔뿐입니다
우리의 영혼을 인도해주시는 주님의 은혜 속에
구원의 복음을 전하며 기쁨 속에 살기를 원합니다
우리는 주님의 축복 속에
밝고 환한 미소를 지을 수 있습니다
모든 사람이 그들의 삶 속에서
주님을 좀 더 빨리 만나고 영접하기를 원합니다
주님을 마음속에 영접하는 순간
사랑이 얼마나 고귀한 것인지 알 수 있습니다

오, 주님!

우리에게 사랑의 마음이 있을 때
우리는 서로 가까워질 수 있고
진정 주 안에서 하나가 될 수 있습니다
하나님은 우리에게 사랑이란 선물을 주셨습니다
홀로 가진 걸로 만족하지 않고 나누며 살게 하셨습니다
주님께서 우리에게 사랑을 충만히 주시면
우리 주변에 사랑이 넘쳐흐를 것입니다
우리가 주님의 사랑을 받았으니
최선을 다하여 살기를 원합니다
우주 속에서 가장 작은 나를 기억하시고 사랑해주신
하나님의 크고 무한하신 사랑에
늘 감사하며 살기를 원합니다
주님은 언제까지나 우리를 사랑하십니다
하나님의 사랑은 영원히 변하지 않는 사랑입니다

젊음의 열정이 넘칠 때

오, 주님!
젊음의 열정이 넘칠 때 눈은 빛을 발합니다
청년의 기백이 살아 있을 때 결코 무력하지 않습니다
가슴엔 뜨거운 열정의 불덩이를 하나씩 갖고 있습니다
믿음으로 내일을 바라보며 탐구하고 노력합니다
희망을 갖고 확신 속에 도전해나갑니다
누가 희망을 물어보아도 자신 있게 대답할 수 있습니다
어디서든 당당하고 뚜렷하게 자신의 소신을 밝히는
멋진 젊은이가 되어
하나님이 원하시는 곳에 있고자 합니다
젊은 날의 기쁨은 하나님의 손에 확실하게 붙잡혔습니다
하나님의 사랑을 받는 자녀가 되었습니다
내일을 확신하는 젊은이들은 주변을 살피고
기회만 노리는 것이 아니라 커다란 야망을 갖고 있기에
어떤 어려움에도 두려움 없이 선뜻 나서서 일할 수 있는
힘과 용기로 하나님의 뜻을 펼칩니다
33세의 청년 예수의 삶을 본받기를 원합니다

이 땅에서 참된 그리스도인의 삶을
모범적으로 보여주기를 원합니다
시류에 따라 흘러가며
변질되거나 퇴색되는 삶이 아닙니다
비겁하고 비열하고 옹졸한 삶을 사는 것이 아니라
이 시대를 살아가는 젊은이답게
강하고 담대한 믿음으로 살아갑니다
주님이 그들의 눈앞에 펼쳐주실
놀라운 일을 기대하며 살아갑니다
젊은이들은 꿈을 마냥 그리고 있는 것이 아니라
꿈을 외치고 꿈을 열매로 만들어놓습니다
젊은이들은 외칩니다
"주여! 내가 여기 있사오니 나를 사용하여주옵소서!"
믿음이 있는 젊은이들은
하나님의 뜻을 알고 순종하기를 원합니다
기도가 하늘에 솟구치고 찬양이 하늘에서 울리고
모든 것이 하나님의 영광을 드러내기를 원합니다

믿음이 있는 젊은이들은
뜨겁게 기도하고 뜨겁게 찬양하며
날마다 삶을 감격과 감동으로
눈물 젖게 해주시기를 원합니다
하나님이 함께해주심으로
얼마나 놀라운 일을 이뤄내시는가를 알기를 원합니다

오, 주님!
젊은이들은 느끼고 알 것입니다
그들의 심장이 예수그리스도의 심장으로
얼마나 거세게 고동치고 있는가를 알게 될 것입니다
젊은이들이 삶의 틀을 주님께 고정하게 해주시고
그들의 눈이 주님을 바라보게 해주시기를 원합니다
어떤 일을 대할 때 귀찮다는 핑계로 망설이지 않고
믿음으로 뛰어들어 행하기를 원합니다
젊은이라면 젊은이답게 예수그리스도의 보혈로 씻긴
믿음의 군사답게 살아가게 해주시기를 원합니다

하나님께서 젊은이들에게 놀라운 비전을 주시고
그 비전을 이루어주심을 감사드립니다
이 얼마나 멋진 일입니까?
하나님의 사역에 동참할 수 있다니
이 얼마나 감격스러운 일입니까?
모든 일을 기쁨으로 정성을 다하여 이루기를 원합니다
하나님만 바라보며 살기를 원합니다
하나님 안에서 다 이루고
하나님께 모든 영광 돌리기를 원합니다

나 비록 연약할지라도

오, 주님!
나 비록 연약할지라도 두려움이나 걱정이 없습니다
나의 마음의 창을 열고 주님을 영접했습니다
나의 삶에는 언제나 주님이 함께하십니다
내가 비록 부족할지라도 좁은 문으로 들어가기를
염려하거나 근심하지 않습니다
주님께서 인도해주시기 때문입니다
내 삶을 내 방식대로 살아가는 것이 아니라
주님이 주시는 지혜로 살아가기를 원합니다
이제는 언제 어디서든 홀로 울고 있지 않아도 됩니다
주님께서 나의 마음을 아시고
인도해주시고 사랑해주시기 때문입니다
나의 모든 것을 아시는 주님께서
짙은 안개 속에서도 나를 감동시켜주시고
푸른 초원과 쉬어 갈 물가로 인도해주심을 믿습니다
내가 주님을 의지할 수 있음은
주님께서 믿음을 주시고 함께해주시기 때문입니다

내가 나약하여 아무것도 알지 못할 때
일을 저지르지 않기를 원합니다
늘 나를 바라보시는 주님의 시선을
기억하게 해주시기를 원합니다
주님은 언제나 나를 찾으시고 함께해주시니
늘 넉넉한 마음으로
주님과 동행하게 해주시기를 원합니다
죄는 죄를 낳고 사랑은 사랑을 낳으니
사랑하며 살아가기를 원합니다
나의 삶은 주님의 구원하심과 충만한 은혜로
주님의 복음을 전하는 삶이 되었습니다

오, 주님!
주님은 언제나 나의 모습을 있는 그대로
고백하기를 원하시니
지금의 나의 모습을 그대로 받아주셔서
나의 모든 죄악을 용서해주시기를 원합니다

나의 생각과 나의 행동에서 죄 된 것을
주님의 보혈로 용서해주시기를 원합니다
주님을 바라보며 주님이 뜻하시는 일을
지혜롭게 행하게 해주시기를 원합니다
우리는 주님을 영접한 거룩한 백성 하나님의 자녀이니
하나님의 섭리 안에서 구별된
성도의 삶을 살기를 원합니다
주님의 피로 말미암아 구원을 받았으니
목숨이 다하는 그날까지 이 넘쳐나는 은혜를
전하고 또 전하게 해주시기를 원합니다
나의 입술로 주님을 시인하고 고백하고 전하는 것보다
더 놀라운 축복은 없을 것입니다
나 비록 연약할지라도 주님께서 함께하시면
강하고 담대하게 주님의 복음을 전할 수 있습니다
나의 구원자는 주님밖에 없습니다

해맑은 아이들을 바라보며

오, 주님!
놀이터에서 뛰노는 아이들을 바라봅니다
그네를 타고 이리저리 뛰어다니는
아이들의 웃음소리가 봄 햇살처럼 퍼져나갑니다
우윳빛 피부, 맑은 눈, 순수함이 그대로 배어난
아이들의 얼굴을 바라보고 있으면 천사를 만난 듯합니다
웃음꽃은 꽃 중 가장 아름다운 꽃이라고 하는데
아이들의 웃음은 그중에서도 아름다운 꽃입니다
아이들에게는 사람들을 행복하게 만드는
특별한 웃음소리가 있습니다
주님이 아이들을 사랑하심은
아이들의 웃음소리를 들으면 금방 알 수 있습니다
아이들의 웃음소리는 모든 이를 행복하게 만들어줍니다
얼굴에는 삶의 모습이 그대로 드러난다고 하는데
아이들의 얼굴은 참으로 티 없이 맑고 따뜻합니다
아이들의 해맑은 표정은 사람들의 마음을 사로잡습니다
마음속에 있는 감정을 거짓 없이 표현하는 아이들

저들을 하나님께서 보호해주시고 사랑해주시기를 원합니다
아이들은 즐겁고 재미있는 것을 원합니다
아이들이 소망하는 일이 이루어졌으면 좋겠습니다
가족들과 행복하고 좋은 친구들을 만났으면 좋겠습니다

오, 주님!
눈을 감고 가만히 아이들을 생각하고 있으면
아이들이 내 마음속으로 달려 들어올 것만 같습니다
아이들에게는 탁월한 능력과 지혜가 잠재되어 있습니다
아이들이 믿음 안에서 자랄 때 세상은 더 밝아질 것입니다
부모를 잃은 아이들을 보면 가슴이 아픕니다
불치병으로 시달리는 아이들을 보면 기도드리게 됩니다
뇌성마비 장애를 가진 아이들을 보면
안타까움에 손을 꼭 잡게 됩니다
아이들이 행복하게 마음껏 뛰어놀며
씩씩하고 건강하게 자랄 수 있다면 얼마나 좋겠습니까?
아이들이 세상에 대한 두려움을

갖지 않게 해주시기를 원합니다
세상에는 참으로 안타까운 일이 많이 있습니다
아이들이 고통당하지 않고 해맑게 웃기를 원합니다
아이들에게 희망과 사랑이 가득했으면 좋겠습니다

우리의 삶의 주인으로 오신 예수

주님께서는 죄악으로 상처투성이인
나를 감싸 안아주시고
삶 속에서 가장 기쁜 날
구원의 날을 허락하셨습니다

세상의 모든 일이
절망뿐이고 어두운 소식뿐이라
모두들 화를 내며
증오하고 싸우고 배신하는데
주님은 나를 인도해주셨습니다

죄의 용서를 구하게 하시고
모든 죄를 용서하시고
우리 삶의 주인으로 오신
예수그리스도를
영접하게 하셨습니다

깨어져 상처뿐인 나의 마음을
보혈로 씻어주셔서
새 사람이 되게 하시고
새 기쁨을 맛보게 하셨습니다

보잘것없는 삶을
값진 삶으로 바꿔주셨습니다
나를 결코 실망시키지 않으시는
주님을 신뢰합니다
오직 주님을 의지합니다

착한 마음으로 살아간다는 것은

오, 주님!
그리움이 가득한 사람은 착한 사람입니다
착한 마음으로 살아간다는 것은
욕심을 버린다는 것입니다
내 마음을 맑게 해주는 선한 마음은
주님이 주시는 사랑의 마음에서 시작됩니다
선한 목자이신 주님이 주시는 마음은 착한 마음입니다
진실을 외면하는 미움은 주님이 주시는 마음이 아닙니다
남을 미워하며 살아간다면
자신의 주변에는 아무도 남아 있지 않게 될 것입니다
미움은 마음을 싸늘하게 만들지만
착하고 선한 마음은 남의 아픔과 상처를
따뜻하게 감싸줍니다
착하게 살아간다는 것은
사랑이 살아 있는 마음으로 새롭게 변화된다는 것입니다
자기가 하고 싶은 대로 자기 멋대로 살아가는 사람은
남을 미워하고 실수를 저지르기가 쉽습니다

미움은 온갖 범죄를 일으킵니다
자신을 미워하거나 남을 미워할 때 죄를 짓기 마련입니다
미움은 마음에 고통을 가져다줍니다
우리의 마음에 주님의 마음을 주셔서
우리 마음을 평안으로 채워주시기를 원합니다
가슴이 따뜻하고 손이 따뜻한 사람은
남을 미워하지 않습니다
사랑의 마음을 가지면 죄악과 어둠이 사라집니다
선하게 살아가면 즐거운 일들이 생겨납니다
우리의 삶에 기쁨이 넘쳐흐르기를 원합니다

오, 주님!
악을 버려야 미움도 사라지기에
주님은 악은 모양이라도 버리라고 하셨습니다
우리는 고통을 이기고 사랑하는 법을 배우기를 원합니다
착한 마음은 사람들의 마음을 부드럽게 만들어주지만
미워하는 마음은 사람들의 마음을 거칠게 만들어놓습니다

우리 속에 이미 착한 일을
시작하신 주님께 감사드립니다
주님을 알고 나서 주님을 믿고 나서
우리의 성격도 우리의 삶의 모습도
달라지기 시작했습니다
가족을 사랑하고 이웃을 사랑하고
자신을 사랑하고 주님을 사랑하며 산다는 것이
얼마나 행복한가를 알게 되었습니다
우리는 어린 양이오니
주님의 인도하심을 따라 살기를 원합니다
우리도 주님의 모습을 닮아 선한 삶을 살 때에
참소망을 가지고 기뻐하며 살아갈 수 있습니다
오늘의 삶과 내일의 삶
주님의 선한 마음을 닮아 살게 해주시기를 원합니다

진실한 삶이 아름답다

오, 주님!
진실한 삶이 아름답습니다
거짓된 삶은 습관화되면 겉만 포장하게 됩니다
진실은 있는 그대로를 보여주는 삶입니다
천지 만물은 있는 그대로의 모습을 우리에게 보여줍니다
그러나 유독 인간만이
가식과 교만과 오만으로 과장하고 허세를 부립니다
우리 주변을 밝게 해주는 이는 진실한 사람,
욕심 없이 있는 그대로 나누어주는 사람입니다
삶의 마지막까지 가까운 사람들과 이웃들을
속이려 한다면 그보다 추한 인생은 없을 것입니다
우리는 늘 자신을 살펴보며 나약하고 부족한 것을 깨달아
진실하게 살기 위해 노력해야 합니다
그러면 가정도 사회도
보다 밝고 건전한 모습으로 변화될 것입니다

오, 주님!

많은 사람이 사랑을 제대로 주고받지 못할 때
비극은 더욱 커집니다
서로 부족한 것을 알고 사랑으로 감싸주면
누구나 진실한 마음을 열어 보이고 죄에서 멀어집니다
죄를 짓고픈 마음이 생겨 그것을 행동으로 옮길 때
우리는 어둠 속에 빠져 들게 되고 위장하게 됩니다
부끄러움 없이 진실하게 살고자 한다면
우리는 언제 어디서나 떳떳하게 자신을 보일 수 있습니다
세상은 자꾸만 타락하고 모든 것이
제 위치를 찾지 못하고 허물어져 가고 있습니다
진실한 삶을 살아가는 사람들이 더욱더 많아져야 합니다
그래야 세상은 누구에게나 살고 싶은 곳이 됩니다
진실한 사람은 어둠을 밝혀주는 가로등보다
사람들의 마음을 따뜻하게 해주고 희망을 줍니다
오늘의 세상도 바로 이런 진실한 사람들의 것입니다
진실한 삶을 살아가는 사람들 중에
우리가 포함되어 있다면 얼마나 행복하겠습니까?

가슴에 손을 얹고 생각해봐야 할 것입니다
우리는 진실 그대로를 행동으로 옮겨야 합니다
세상이 더 어두워지기 전에
진실하게 살아야 합니다

사랑의 편지를 쓰며

오, 주님!
나 주님을 사랑할 수 있으므로
행복합니다
주님의 사랑을 황홀하게
꽃피워 놓았으니
이 벅찬 감동을 무엇으로
다 표현할 수 있겠습니까?

주님의 이름을 부르기만 해도
이렇게 좋은데
가슴 안이 넘치는 은혜로
흠뻑 젖어드니
이 온몸의 뜨거운 열정을
어찌 다 감당할 수 있겠습니까?

내 마음의 텅 빈 방에
주님이 찾아오셨으니

주님을 품고 살아가겠습니다

주님을 사랑하면 이렇게 좋은 것을
왜 진작 그리하지 못했을까요
아무리 쫓기는 시간 속에 살아가더라도
주님을 만났으니
날마다 기도로 사랑의 편지를 쓰며
평안 속에서 살아가겠습니다

마음이 가난한 사람을 위한 기도

개정판 2쇄 2008년 12월 15일
지은이 용혜원
펴낸이 김영재
펴낸곳 책만드는집

주소 서울 마포구 합정동 428-49번지 4층 (121-886)
전화 3142-1585·6
팩스 336-8908
전자우편 chaekjip@chol.com
출판등록 1994년 1월 13일 제10-927호

ISBN 978-89-7944-280-9 (04230)
ISBN 978-89-7944-279-3 (전3권)

이 도서의 국립중앙도서관 출판시도서목록(CIP)은 e-CIP 홈페이지(http : ///www.nl.go.kr/cip.php)에서 이용하실 수 있습니다.
(CIP제어번호 : CIP2008000892)